山西乡村振兴经典案例

整体推进编

《山西乡村振兴经典案例》编纂委员会 编著
丛书主编 / 杨茂林
本册主编 / 赵旭强 温月芬

山西出版传媒集团 三晋出版社

图书在版编目（CIP）数据

山西乡村振兴经典案例：整体推进编 /《山西乡村振兴经典案例》编纂委员会编著. —太原：三晋出版社，2024.1

ISBN 978-7-5457-2831-6

Ⅰ.①山… Ⅱ.①山… Ⅲ.①农村—社会主义建设—案例—山西 Ⅳ.①F327.25

中国国家版本馆 CIP 数据核字（2024）第 044224 号

山西乡村振兴经典案例·整体推进编

编　　著：《山西乡村振兴经典案例》编纂委员会
责任编辑：薛勇强
助理编辑：张　帆
印装监制：李佳音

出 版 者：山西出版传媒集团·三晋出版社
地　　址：太原市建设南路 21 号
电　　话：0351－4956036（总编室）
0351－4922203（印制部）
网　　址：http://www.sjcbs.cn

经 销 者：新华书店
承 印 者：山西新华印业有限公司

开　　本：720mm × 1020mm　1/16
印　　张：17
字　　数：220 千字
印　　数：1-1000 册
版　　次：2024 年 1 月　第 1 版
印　　次：2024 年 8 月　第 1 次印刷
书　　号：ISBN 978-7-5457-2831-6
定　　价：60.00 元

序言

实施乡村振兴战略，是党的十九大作出的重大决策部署，是决胜全面建成小康社会、全面建设社会主义现代化国家的重大历史任务，是新时代“三农”工作的总抓手。自2006年全面取消农业税之后，“三农”就成为历年中央一号文件关注的重点，乡村发展越来越受到重视，各类扶持政策和资源投入不断加大。从家电下乡、农机购置补贴、粮食直补到新农村建设，国家对于乡村的资源投入力度可谓前所未有。新时代更是把乡村建设与发展放在了突出的战略位置，无论是精准扶贫打赢脱贫攻坚战，还是建设秀美乡村让人“望得见山、看得见水、记得住乡愁”，都赋予了乡村在新时代不同以往的新的地位。《乡村振兴战略规划（2018—2022年）》明确提出，到2035年，乡村振兴将取得决定性进展，农业农村现代化基本实现；到2050年，乡村全面振兴，农业强、农村美、农民富全面实现。这为新时期乡村振兴的目标描绘了蓝图。

乡村，作为城市建成区以外具有自然、社会、经济特征和生产、生活、生态、文化等多重功能的地域综合体，其结构性特征和主体性功能会随着国家现代化的推进而演变。对乡村发展愿景的展望，应当以国家现代化愿景为基本参照。在构建高品质农产品生产空间上，未来乡村将加快构建农业现代生产体系，全面提高农产品生产品质，努力保障城乡居民对食品质量的消费需求；在构建高活力创新创业空间上，乡村新产业、新业态、新商业模式快速发展，未来乡村将为社会资本、企业家、优质劳动力等创新创业要素提供重要的空间载体；在构建高品质居住生活空间上，农村人居环境和公共服务得到大幅跃升，未来乡村将会成为农民的幸福家园和部分城市居民实现田园生活的梦想依托；在构建高颜值生态空间上，乡村提供生态产品和生态服务的功能将进一步彰显，绿水青山将真正变为未来乡村的金山银山。未来的乡村，在各显其美的同时也与现代文明水乳交融，生活在乡村的人们，生活将变得更富足、更健康、更智能。

习近平总书记高度重视“三农”工作，党的十八大以来，习近平新时代中国特色社会主义思想在“三农”事业中得到生动体现，从“中国要强，农业必须强；中国要美，农村必须美；中国要富，农民必须富”的重要论述到“任何时候都不能忽视农业、不能忘记农民、不能淡漠农村”和坚定不移推进农村改革发展和谐稳定的核心要求；从“四化同步”发展的战略任务到“四个全面”战略布局；从“农业农村已经进入新的历史阶段”的重大判断到农业供给侧结构性改革的扎实推进，一系列新思想、新理念、新论断的提出，科学回答了新时代“三农”工作的重大理论和实践问题。这是习近平新时代中国特色社会主义思想的重要组成部分，是指导我国农业农村发展取得历史性成就、发生历史性变革的科学理论，也是做好新时代“三农”工作的行动指南。深入贯彻落实习近平新时代中国特色社会主义思想是扎实推进乡村振兴战略，加快补齐农业农村短板，实现农业农村现代化的重大战略机遇。

当今世界正处于百年未有之大变局，国内外形势正在发生深刻复杂变化，中国的发展已经进入从全面小康向共同富裕快速迈进的新阶段，但解决发展不平衡不充分问题的形势依然严峻，构建以国内大循环为主、国内国际双循环发展格局的任务依然艰巨。“民族要复兴，乡村必振兴。”必须着眼国家重大战略需要，稳住农业基本盘、做好“三农”工作，接续全面推进乡村振兴，确保农业稳产增产、农民稳步增收、农村稳定安宁。

《山西乡村振兴经典案例》这套丛书以图文并茂的形式，将理论与实践相结合，采用简明扼要的语言和清晰的图表，把乡村振兴的复杂概念和策略转化为易于理解的知识。本丛书案例解析生动，内容实用而又易于理解，具有很强的可读性，读者能够在愉悦的阅读体验中深刻领悟乡村振兴战略的精髓并学以致用。丛书主要呈现以下三个方面的特点：

一是紧紧围绕乡村振兴的总目标，彰显山西乡村振兴战略创新与丰富成果。习近平总书记指出，乡村振兴是包括产业振兴、人才振兴、文化振兴、生态振兴、组织振兴的全面振兴，实施乡村振兴战略的总目标是实现农业农村现代化。从内涵上讲，农业农村现代化是一个全面而协调的发展过程，涵盖了物质文明、政治文明、精神文明、社会文明和生态文明的全面提升。这一过程不仅包括农村产业、生态、文化、治理的现代化，也涉及农民生活的现代化。在乡村振兴的实践中，山西紧紧围绕总目标，取得了一定的成效。农村产业现代化方面，榆次区张胡村通过建设高标准智能型温室大棚，打响了“张胡”蔬菜公共品牌，成为当地农业发展的一张亮丽名片；临猗县依托电子商务平台，创新形成了农村电商助推乡村振兴的“临猗模式”，为农产品打开了更广阔的市场空间；平顺县通过校地合作、聘用农技人员，将先进的科技力量注入乡村产业发展中，有效提升了农业生产效率和产品质量。农村生态现代化方面，沁水县、灵丘县通过将生态保护与文旅产业深度融合，探索出了一条生态优先、绿色发展的道路，实现了人与自然的和谐共生。农村文化现代化方面，各地积极挖掘和传承德孝文化、圣贤文化、农耕文化等中华优秀传统文化及红色文化，不断赋予其新的时代内涵，使之成为推动乡村文化振兴的重要支撑。乡村治理现代化方面，5G、云计算、移动互联网等前沿科技的广泛应用，为乡村治理提供了强大的技术支撑，提高了治理效率，增强了治理的精准性和透明度。上党区振兴村推出的党员学习“e本通”平台就是一个典型的案例，它利用数字化手段，为党员提供了便捷的学习渠道，增强了党组织的凝聚力和战斗力。农民生活现代化方面，山西积极改善农村人居环境，在2024年省委一号文件中提出持续抓好农村人居环境整治提升，许多村庄实现了从脏乱差到美如画的转变，基础设施更加完备、公共服务更加便利、人居环境更加舒适。

二是牢牢把握乡村振兴的总要求，展现因地制宜、分类施策的实践智慧。“产业兴旺、生态宜居、乡风文明、治理有效、生活富裕”是乡村振兴的总要求，深刻反映了新时代农业农村发展的新阶段，也寄托着亿万农民群众的新期待。其中，产业兴旺是重点、生态宜居是关键、乡风文明是保障、治理有效是基础、生活富裕是根本。2017年以来，山西的乡村振兴实践以这二十字为统领，积累了一些宝贵的经验和创新实践。在这套丛书中，产业兴旺案例有12个、生态宜居案例有12个、乡风文明案例有12个、治理有效案例有11个、生活富裕案例有12个。产业兴旺部分，精选了皇城村多元化产业发展模式、云丘山村文旅融合战略、云州区小黄花特色产业等案例，展示了乡村产业的创新活力与多样化发展路径。生态宜居部分，剖析了阳城县河流污水治理、安泽县“六乱”整治、右玉县造林绿化等做法，彰显了生态保护与环境治理的决心与成果。乡风文明部分，聚焦雷家坡村德孝文化的传承、蒲县“道德银行”积分制的创新应用、峪里村农耕文化的弘扬等，体现了乡村文化传承与精神文明建设的深厚底蕴。治理有效部分，通过展示西坳头村“十户联创”、姚村的“六六共治”、静乐县的“星级文明户”等做法，体现了乡村治理的新形式与有效途径。生活富裕部分，展示了什贴村农村集体产权改革、三泉镇农业生产“托管”、天镇县劳务输出等创新举措，反映了提高农民收入与促进农村经济发展的实际成效。

三是深入探讨乡村振兴有效路径，确保经验的普适性与实践的可复制性。这套丛书精选并深入探讨了山西11个地市59个乡村振兴案例，集中展现了山西在实施乡村振兴战略中的创新实践和显著成效，提供了全面了解山西乡村振兴工作的窗口。在内容编写上，着重突出了当地的做法、过程和亮点，同时强调了经验启示的普适性和可复制性，确保这些经典案例能够为其他地区提供可借鉴的发展路径，助推乡村振兴战略科学有效实施，促进农业农村各项事业可持续发展。为了拓宽视野，本丛书还特别收录了一些具有代表性的省外案例，比如浙江省的“千万工程”、四川省明月村的“艺术乡建”以及贵州省舍烹村的“三变模式”等，这些案例进一步丰富了乡村振兴的实践库，为不同地区的乡村振兴提供了多样化的参考，体现了典型引路和示范带动的作用。但要注意的是，在学习和借鉴这些乡村振兴的典型做法时，一味地模仿只会“水土不服”，关键在于如何将这些创新性的“金点子”与本地区的实际情况相结合，转化为切实可行的发展策略。这需要深入理解每个案例背后的逻辑和原理，分析其成功的关键因素，并根据本地的资源禀赋、文化特色和社会条件，进行创造性的调整和改良，以确保策略的本地化和有效性，实现乡村振兴的可持续发展。

道阻且长，行则将至。全面实施乡村振兴战略，其深度、广度、难度都不亚于脱贫攻坚。当前，我们要以习近平新时代中国特色社会主义思想为指导，全面贯彻落实党的二十大和二十届二中、三中全会精神，深入贯彻落实习近平总书记关于“三农”工作的重要论述，坚持和加强党对“三农”工作的全面领导，以建设农业强国为目标，以“千万工程”等成功经验为引领，奋力谱写农业更加高质高效、农村更加宜居宜业、农民更加富裕富足的乡村振兴新篇章，为实现中国式现代化贡献乡村力量。

杨茂林

2024 年 7 月

目 录

第一章　总述

党的二十大着眼于全面建设社会主义现代化国家全局，对全面推进乡村振兴作出了新的部署。这是党的乡村振兴战略的继续发展，是在乡村发展取得重大成就基础上对乡村振兴的接续推进，是在全面建设社会主义现代化国家新征程上全面推进乡村振兴。习近平总书记在党的二十大报告中指出，“全面建设社会主义现代化国家，最艰巨最繁重的任务仍然在农村”，进一步明确了要全面推进乡村振兴，要坚持农业农村优先发展，坚持城乡融合发展。这是以习近平同志为核心的党中央关于做好新时期“三农”工作的重大战略部署，为我们以全面建成小康社会为新起点，进一步巩固拓展脱贫攻坚成果、全面推进乡村振兴提供了根本遵循。

党的二十大正是在这些巨大成就的基础上，对全面推进乡村振兴作出了新的决策部署，要求加快建设农业强国，扎实推动乡村产业、人才、文化、生态、组织振兴。新时代新征程，对于摆脱贫困的地区，就是要进一步巩固拓展脱贫攻坚成果，并在此基础上接续推动乡村全面振兴。对于其他地区，就是要在已探索形成的乡村振兴好做法好经验和已有成就基础上，持续推进乡村全面振兴，提升乡村发展层次，使乡村发展取得更加明显的成效。在习近平总书记考察调研山西重要讲话重要指示精神指引下，山西进行乡村振兴先行示范县、整体推进县、重点帮扶县“三类县”划定并明确不同发展步骤和梯度发展目标思路，统筹巩固拓展脱贫攻坚成果和乡村振兴两大任务，稳步推进乡村振兴。

山西省委、省政府确定县域经济发展水平基本处于全省平均或中上水平，农业农村发展基础总体相对较好的40个县（市、区）为乡村振兴整体推进县。“十四五”时期，40个整体推进县的重点任务是在巩固拓展脱贫攻坚成果基础上，以农业现代化促进农村现代化。到2025年，农业农村现代化取得重要进展，农业基础设施现代化迈上新台阶，农村生活设施便利化初步实现，城乡基本公共服务均等化水平明显提高。整体推进县要统筹相关涉农政策，形成政策支持集成效应，在巩固拓展脱贫攻坚成果的基础上整体推进。

第一节　整体推进县基本情况和基本特征

根据中共山西省委农村工作领导小组《关于分类指导统筹推进乡村振兴的通知》（晋农组发〔2021〕1号），将清徐县、阳曲县、古交市等40个县划分为整体推进县，县（区）数量占全省县（区）总数的34.19%。从地理位置上看，40个整体推进县主要位于山西中部和南部，面积约53459平方千米，占全省总面积的34%，多处于太行和吕梁山区，其余则主要位于太原盆地、临汾盆地和运城盆地。

从所属地级市分布来看，大多数来自临汾市和运城市，区域面积分别为11153平方千米和8624平方千米，占整体推进县总面积的20.86%、16.13%。其次是吕梁市和晋中市，区域面积分别为6611平方千米和6170平方千米，占整体推进县总面积的12.37%、11.54%。

表1-1　山西省整体推进县基本情况

市	整体推进县	个数
太原	清徐县、阳曲县、古交市	3
大同	新荣区、左云县	2
阳泉	平定县	1
长治	屯留区、长子县、沁源县、潞城区	4

市	整体推进县	个数
晋城	沁水县	1
朔州	平鲁区、山阴县	2
晋中	寿阳县、祁县、平遥县、灵石县、介休市	5
运城	临猗县、万荣县、闻喜县、稷山县、新绛县、夏县、芮城县、永济市	8
忻州	定襄县	1
临汾	翼城县、襄汾县、洪洞县、古县、安泽县、乡宁县、蒲县、霍州市	8
吕梁	文水县、交城县、柳林县、交口县、汾阳市	5
合计		40

一、整体推进县经济发展现状

总体来看，山西省整体推进县农业农村发展基础总体相对较好，经济发展水平基本处于全省平均或中上水平，总体保持良好发展势头。

（一）经济增长整体向好

2012 至 2021 年，山西省整体推进县 GDP 和人均 GDP 呈现波动上升的趋势，GDP 占全省比重在 30% 左右。2014 和 2015 年由于煤炭产能过剩、煤价持续下跌，GDP 和人均 GDP 呈现负增长；2017 年经济发展由“疲”转“兴”，GDP 和人均 GDP 同比增长率分别达 16% 和 17%；2019 年和 2020 年由于新冠疫情的影响，经济发展放缓；2021 年随着煤炭价格稳步上行，GDP 和人均 GDP 同比增长较快，分别为 33.18% 和 34.67%。从地区上看，2021 年山西省整体推进县中有 10 个县 GDP 超 200 亿元，分别为清徐县（296.08 亿元）、屯留区（218.33 亿元）、长子县（252.47 亿元）、沁水县（331.10 亿

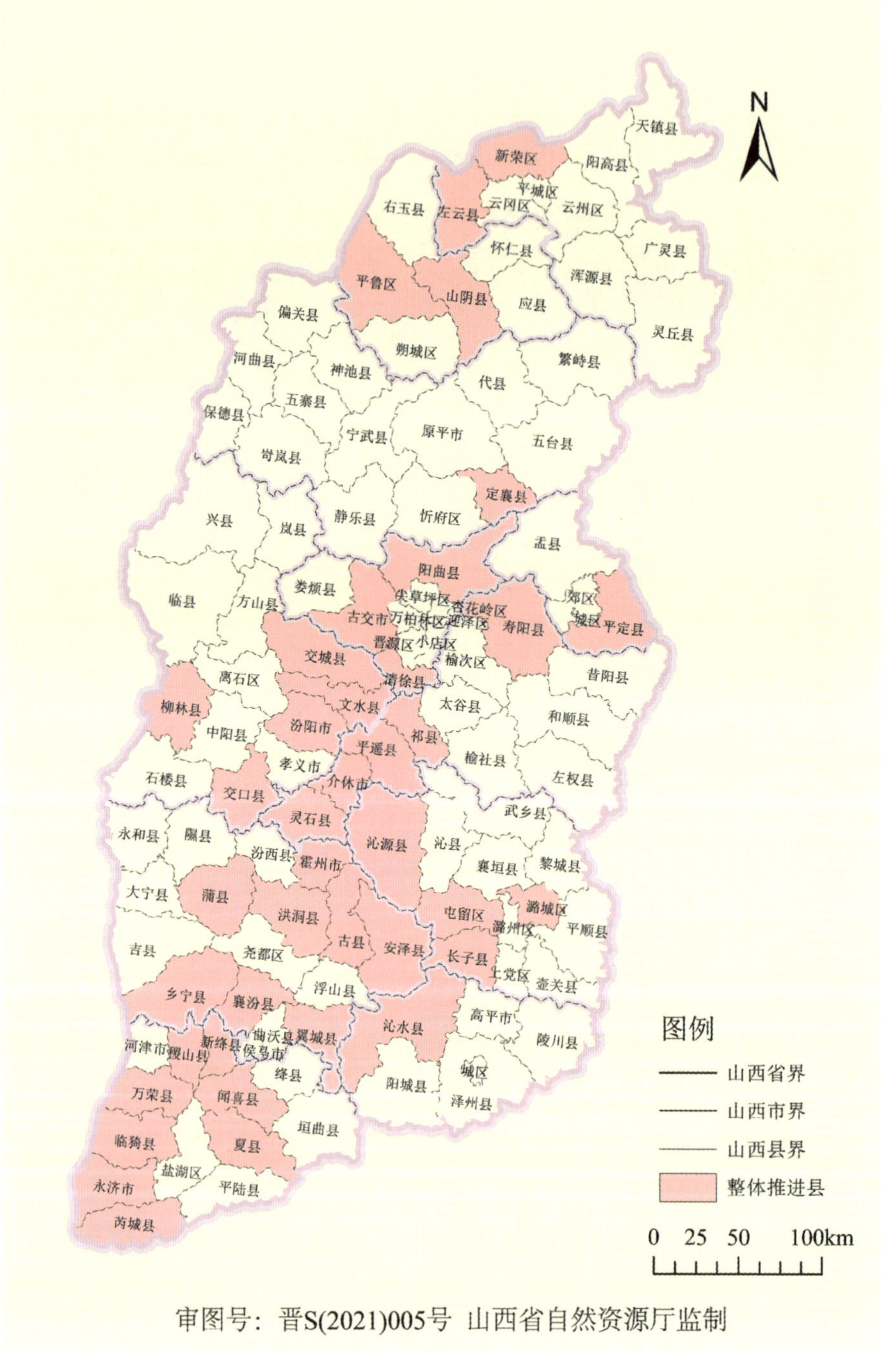

图1-1 山西省整体推进县分布情况

元）、平鲁区（324.14 亿元）、山阴县（204.09 亿元）、灵石县（287.23 亿元）、介休市（323.07 亿元）、柳林县（306.22 亿元）、汾阳市（243.21 亿元），与上年相比增加了 5 个县，与 2012 年相比增加了 8 个县。从增长速度上看，十年来，山西省整体推进县 GDP 年均增长率为 6.20%，低于全省年均增长率（山西省 2012 至 2021 年 GDP 年均增长率为 7.17%）；年均增长率高于全省的县有 18 个，其中左云县、新荣区、蒲县、长子县、古交市增长速度最快，年均增长率分别为 17.04%、16.82%、13.71%、11.25% 和 10.93%。

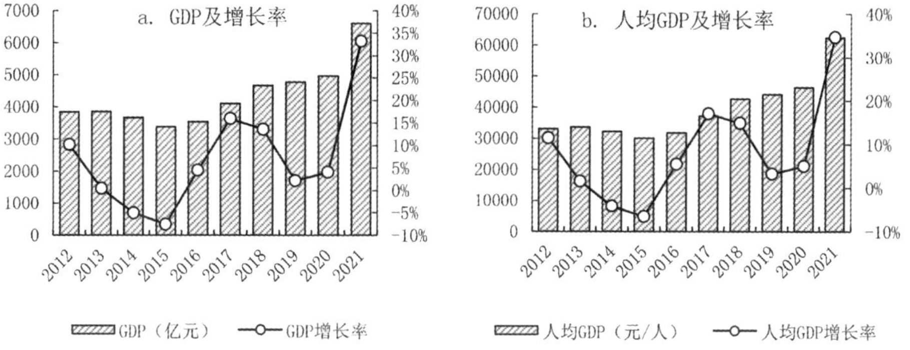

图 1-2 山西省整体推进县 GDP 及人均 GDP

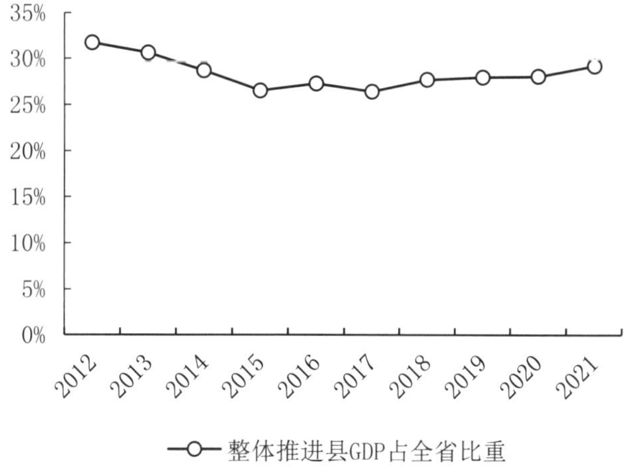

图 1-3 山西省整体推进县 GDP 占全省比重

（二）财政收入稳步提升

山西省整体推进县公共财政收入和人均财政收入整体呈上升趋势，2012 至 2021 年年均增长率分别为 6.45% 和 7.56%。2015 年和 2016 年由于房地产业衰退、煤价下跌、减税降费等原因，财政收入不足 200 亿元；2016 年之后连续三年财政收入持续向好；2017 年增幅最高，高达 35%；2020 年受新冠疫情影响，公共财政收入减少，为 354 亿元，同比减少 6 个百分点；2021 年公共财政收入达到 464 亿元，同比增长了 31%。从地区上来看，柳林县、汾阳市、介休市、沁水县、乡宁县、灵石县财政收入较高，2021 年财政收入在 20 亿元以上；新荣区、万荣县、夏县财政收入较低，2021 年不足 3 亿元。有 15 个县公共财政收入的年均增长率超过了全省水平（山西省 2012 至 2021 年财政收入年均增长率为 7.20%），其中左云县（19.8%）、汾阳市（16.11%）、屯留区（15.48%）、闻喜县（14.11%）、潞城区（13.68%）年均增速较快。在人均财政收入上，左云县、汾阳市、屯留区、闻喜县、芮城县、新绛县年均增速在 15% 以上。2021 年整体推进县人均财政收入 4384.02 元，同比增加 32.39%，蒲县人均财政收入 2019、2020、2021 年连续三年超万元。

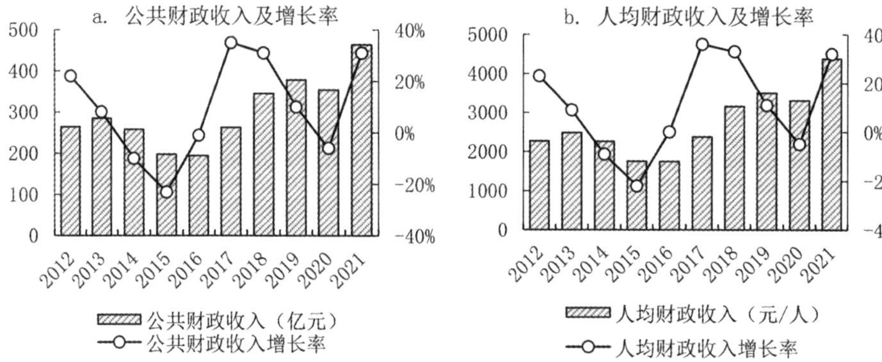

图 1-4　山西省整体推进县财政收入情况

（三）消费动能持续释放

2012 至 2021 年，山西省整体推进县社会消费品零售总额呈上升趋势，年均增长率为 6.77%，其中 2021 年社会消费品零售总额最高，为 1635 亿元，2019 年和 2020 年由于疫情影响，呈现负增长。在社会消费品零售总额中，乡村社会消费品零售总额占比三成，城镇乡村社会消费品零售总额占比七成。从地区上看，有 28 个县社会消费品零售总额年均增长速度高于全省（山西省 2012 至 2021 年社会消费品零售总额年均增长率为 6.20%），其中屯留区、长子县、潞城区、交口县、平定县年均增长率最高，分别为 11.71%、11.22%、11.04%、10.45%和 10.28%。

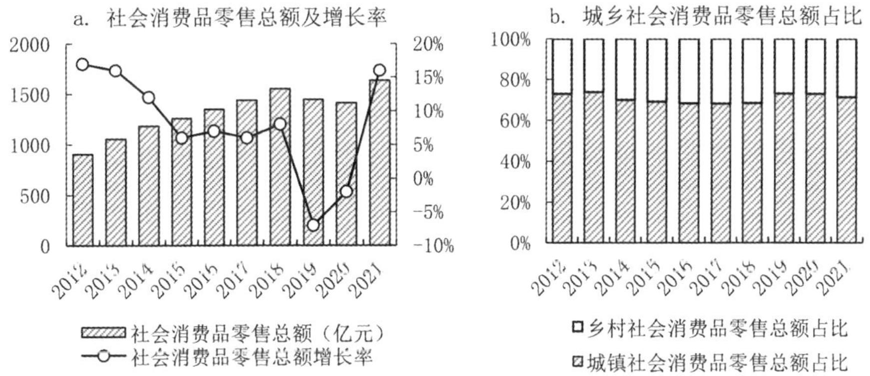

图 1-5 山西省整体推进县社会消费品零售总额情况

（四）居民人均可支配收入不断增加

2012 至 2021 年，山西省整体推进县居民人均可支配收入不断增加，年均增长率为 8.19%。其中，城镇居民人均可支配收入年均增长率为 7.10%，农村居民人均可支配收入年均增长率为 8.95%。2021 年居民人均可支配收入为 24256 元，同比增长 9.02%；古交市、介休市、灵石县、山阴县居民人均可支配收入较高，达到 3 万元以上。

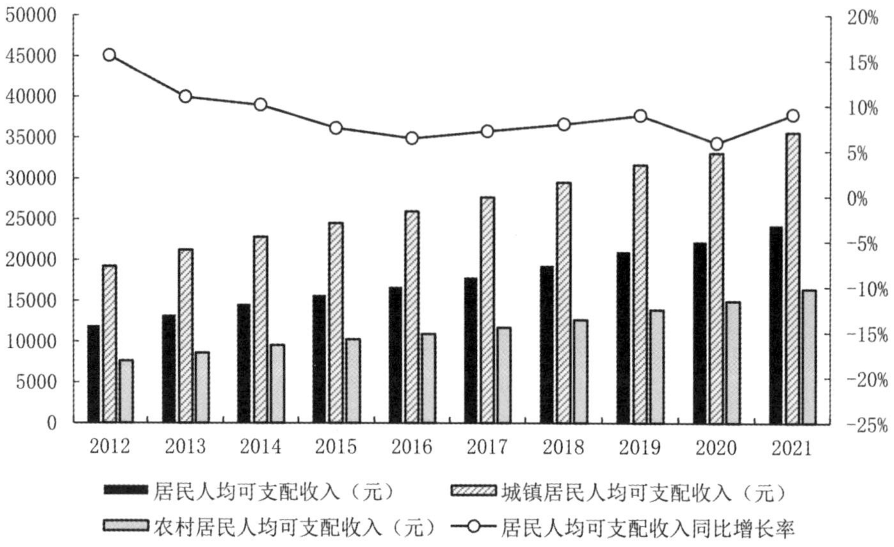

图 1-6　山西省整体推进县人均可支配收入情况

二、整体推进县经济发展特征

40 个整体推进县经济基础良好，工业化、城镇化发展处于全省中游水平，各方面发展较为均衡，有利于系统全面展开乡村振兴工作。2021 年，山西省共产生了 71 个百亿县，其中有 31 个县为整体推进县，占比 43.66%。这 31 个百亿县分别为太原的清徐县，大同的左云县，阳泉的平定县，长治的屯留区、长子县、沁源县、潞城区，晋城的沁水县，朔州的平鲁区、山阴县，晋中的寿阳县、祁县、平遥县、灵石县、介休市，运城的临猗县、万荣县、闻喜县、稷山县、新绛县、芮城县、永济市，临汾的襄汾县、洪洞县、乡宁县、蒲县、霍州市，吕梁的文水县、交城县、柳林县、汾阳市。

（一）产业结构趋于合理

乡村振兴，产业振兴是关键。从产业结构来看，整体推进县产业结构趋于合理。2012 至 2021 年山西省整体推进县第一产业占 GDP

比重在 10% 左右，第二产业占 GDP 比重在 55% 左右，第三产业占 GDP 比重在 35% 左右。2021 年，山西省整体推进县第一产业生产总值为 575.21 亿元，占全省第一产业生产总值的 44.70%；第二产业生产总值为 3941.94 亿元，占全省第二产业生产总值的 35.15%；第三产业生产总值为 2082.53 亿元，占全省第三产业生产总值的 20.64%。总体上来看，在全省范围内，整体推进县第一产业相对发展较好。

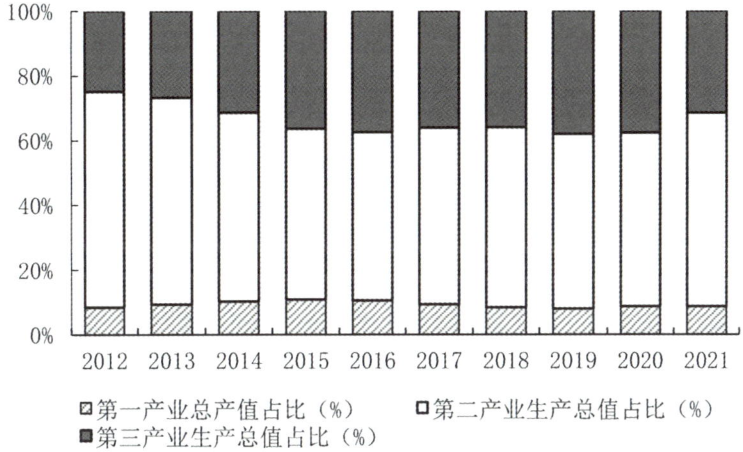

图 1-7 山西省整体推进县三次产业比重

表 1-2 山西省整体推进县产业情况

年份	产业类别	整体推进县生产总值（亿元）	全省生产总值（亿元）	占全省比重
2012	第一产业	328.43	698.32	47.03%
	第二产业	2556.45	6731.56	37.98%
	第三产业	956.11	4682.95	20.42%
2021	第一产业	575.21	1286.87	44.70%
	第二产业	3941.94	11213.13	35.15%
	第三产业	2082.53	10090.16	20.64%

（二）农业农村现代化建设进程相对较快

近年来，整体推进县农业生产经营向规模化和专业化方向发展，一是随着农业生产托管服务，新型农业经营主体大量涌现；二是农业机械化水平稳步提升。2021 年，40 个整体推进县农业机械总动力为 723 万千瓦，拥有大中型农用拖拉机 48551 台、小型农用拖拉机 105425 台，分别占全省的 40.82% 和 38.64%。其中，大中型农用拖拉机与 2012 年相比增加了 4596 台。农田水利设施持续改善，设施农业快速发展。

绿色农业发展上，2021 年整体推进县农用化肥施用量约 46.49 万吨，与 2012 年的 52.86 万吨相比，年均减少 1.42 个百分点。近年来，各县在农业绿色发展上不断探索，比如万荣县以创建国家农业绿色发展先行区为契机，以水果、香菇、粮食、蔬菜、畜禽等十大绿色产业集群为支撑，创新绿色农业“六大体系”建设模式，探索“果—畜—肥”“果—菌—肥”等绿色循环种养模式；长子县立足本地资源，围绕绿色生态农业，推广蔬菜连作、无抗养殖、智慧农场等技术，形成了西汉村有机肥种植业区域闭合循环模式、宋村镇集休闲旅游于一体的全产业链发展模式、丹西龙鑫现代农业产业园的全天候绿色有机旱作农业生产模式等典型；沁源县按照“一村一品”思路，以马铃薯、中药材、食用菌、小杂粮、特色蔬菜、特色养殖等产业为主攻方向，鼓励支持绿色农业发展，认证注册黑山羊肉、道地中药材等“土字号”“乡字号”特色品牌 13 个，2018 年建立绿色有机封闭示范区 4232 亩，2019 年发展到 6306 亩。

（三）现代化产业体系逐渐成形

工业生产稳定运行。工业是经济发展的“压舱石”，2020 年整体推进县规模以上工业企业数为 2605 个，同比增长 27.32%，与 2012 年 1495 家企业相比，年均增长 6.36%。传统产业提质增效上，灵石县坚定走好煤炭产业“减优绿”之路，加快煤矿智能化建设步伐，在全县32座生产矿井积极开展智能化建设工作，推动煤炭企业高质量发展；介休市安泰控股集团优化用能结构，充分利用园区内炼铁、炼钢、炼焦产生的余气资源，提高发电效率。

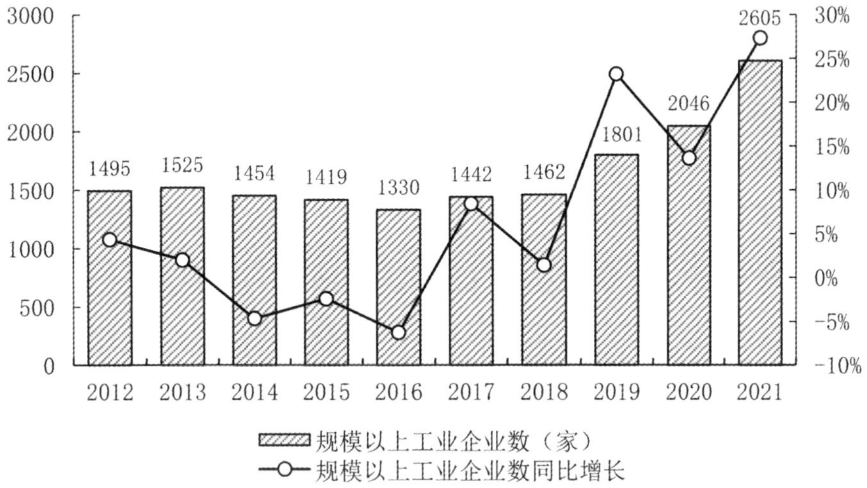

图1-8　山西省整体推进县规模以上企业数量

现代服务业取得积极进展。近年来，整体推进县云计算、大数据、电子商务等现代服务业加快发展，网络购物、在线医疗、共享经济等新业态新模式迅速兴起，成为支撑经济社会发展的重要力量。一是生产性服务业高端化。现代物流、科技服务和现代金融向价值链高端延伸；农业生产托管不断深化，服务领域不断拓展，生产性服务业蓬勃发展。二是生活性服务业品质化。全力打造文旅新地标，比如襄汾县的丁陶风情街文化旅游景区凭借“一心、一廊、四大景观节点”的空间结构，成为具有地域特色的主题文化街区和城市文化名片。持续培育康养新品牌，形式多样、结构合理的康养产业体系不断形成。商贸服务、家庭服务、体育服务、教育服务、托育服务和房地产业等生活性服务业不断转型升级。在服务业提质增效发展方面，随着“放管服效”改革的深化，营商环境进一步优化。各县通过“互联网＋监管”，持续提高监管工作的规范化、精准化水平，着力优化营商环境，消除制约企业发展的障碍，激发现代服务业的活力潜力。

一二三产业融合发展。2021 年中央一号文件指出，要构建现代乡村产业体系，让农民更多分享产业增值收益；习近平总书记也指出，要紧紧围绕发展现代农业，围绕农村一二三产业融合发展，构建乡村产业体系，实现产业兴旺。传统优势产业内涵集约发展上，古交市深化省校合作，与中国矿业大学、中国科学院山西煤化所签订战略合作协议，加速推进原相煤矿、白家沟煤矿的智能化建设。战略性新兴产业成链集群发展上，新荣经济技术开发区实行“一区四园”的管理模式，其中花园屯新材料产业园重点发展炭素、新材料、装备制造等产业；古店物流制造园重点发展煤炭运销、机械制造、铁路物流等产业；得胜转型示范工业园重点发展石墨材料开发、精细化工、节能环保产业等主导产业；晋蒙新兴产业合作园重点发展高科技天然石墨加工业、钢铁、物流仓储业等。现代服务业发展提质增效上，芮城县运动休闲小镇布局了以水上运动项目为主的30多种体育运动休闲项目，成功入选山西省第一批特色小镇创建清单。文旅康养业提档升级上，沁源县文体设施不断提档升级，提出到 2025 年，建成生态康养先行区，充分发挥沁源生态资源优势，促进康养产业与农业、林业、文化、旅游、运动、医疗等产业深度融合发展，打造集养身、养心、养神、养性、养老于一体的生态康养服务体系。农业特优高效发展上，永济市利用得天独厚的水产养殖地理条件，大规模、集群式发展渔业养殖，积极探索莲鱼共养、稻蟹混养等模式；同时，建设观赏鱼养殖、休闲垂钓、乡村旅游、鱼品加工等安全可控、产城一体、全产业链的国家一流数字渔业产业链基地，打造“山西渔都”品牌。

（四）特色产业不断发展

农业农村现代化是实施乡村振兴战略的总目标，发展特色产业、特色经济是加快推进农业农村现代化的重要举措。山西省整体推进县根据当地特色资源，走出了一条人无我有、科学发展、符合自身实际的特色产业发展道路。比如潞城区以“公司 + 基地 + 农户”的发展模式，在张家河、熬脑、合室等村发展大葱种植，并通过扶持、引导有关企业，实施大葱产业示范园、城郊农业建设等项目，形成集大葱育苗、种植、加工、仓储、销售于一体的特色农业全产业链，辐射带动有机大葱种植面积一万余亩；柳林县留誉镇以肉牛养殖为特色产业，依托山、沟、草、水等天然养殖条件，利用留誉酒厂废弃物酒糟作为优质饲料，逐渐形成“高粱种植—白酒酿造—酒糟育牛—牛粪养殖蚯蚓—蚯蚓喂鸡—鸡粪回田”闭环产业链条；平定县北后峪村通过引进山西艾之冠生物科技有限公司的合作项目，通过采用“公司 + 基地 + 合作社 + 农户”的联营种植模式，大力发展艾草种植，不断完善产业链条，使贫困户在种植、回收、加工等各个环节都能受益；新荣区新荣镇依托古长城森林公园生态优势打造特色文旅品牌，不断完善农文旅融合发展产业体系。

（五）乡村振兴发展相对均衡

山西省整体推进县着力推进“产业兴旺、生态宜居、乡风文明、治理有效、生活富裕”五大重点任务。产业兴旺方面，清徐县省级现代农业产业园、翼城县省级现代农业产业园、临猗县省级现代农业产业园入选山西第一批“省级现代农业产业园”名单。各县多措并举吸引优秀人才回乡创新创业，比如柳林县先后出台《柳林县关于招商引资若干意见》《引进培养高层次人才及团队创新创业实施办法》《关于柳林县“人才回引工程”的实施意见》等意见和办法，促进人才战略的实施。生态宜居方面，乡村基础设施建设和公共服务水平不断提高，农村人居环境不断改善。乡风文明方面，移风易俗工作全面展开，比如万荣县不断健全“一约五会”制度，不断破除农村陈风陋习，引导群众移风易俗，引领社会新风，化解矛盾纠纷，维护基层社会和谐稳定，社会治安状况得到明显改善，群众安全感显著增强。治理有效方面，农村基层党组织建设不断强化，引领农村发展取得明显成效，农村集体经济不断壮大。生活富裕方面，2018 年以来，农村居民人均可支配收入每年增加 1000 元左右。

第二节　整体推进县乡村振兴战略实施效果

在推进乡村振兴的过程中，通过深入学习领会党的二十大精神，贯彻落实习近平总书记考察调研山西重要讲话重要指示精神，坚定不移贯彻新发展理念，推动农业农村高质量发展，整体推进县农业农村发展取得了明显的成效。

一、农业供给侧结构性改革取得新进展

一是“米袋子”“菜篮子”“果盘子”丰足充盈。2018 年以来，整体推进县粮食面积稳定在 130 万公顷左右，总产量相对稳定，2021 年为 633.25 万吨，同比增加 0.43%；蔬菜产量稳定在 400 万吨左右，2021 年为 462.06 万吨，同比增加 11.66%；水果产量逐年增加，2020 年突破 600 万吨，2021 年达到 644 万吨。二是“特”“优”农产品不断发展，农业产品品牌化不断加强。山西省整体推进县中，平遥牛肉、隆化小米、稷山板枣、夏县西瓜、临猗甜脆柿、夏县葡萄、芮城花椒酱、万荣粉条、平定小米、翼城洋槐蜂蜜等共 53 个品种入选全国名特优新农产品名录，占全省的 44.54%[①]。三是农产品质量安全水平不断提高，农产品质量安全监管有效推进。长子县、定襄

① 数据来自全国名特优新农产品名录收集登录信息系统，2023年8月11日查询。

县入选第二批国家农产品质量安全县，永济市、古县入选第三批国家农产品质量安全县，清徐县、潞城区、翼城县、芮城县入选第三批省级农产品质量安全县，襄汾县、万荣县入选第四批省级农产品质量安全县试点单位，闻喜县入选第五批省级农产品质量安全县试点单位。

二、城乡一体化迈出新步伐

2018 年以来，农村人口大量进入城市，整体推进县城镇常住人口占总人口比重以每年增加 1% 的速度不断上升，城镇化水平不断提高。公共服务方面，农村基础设施建设不断加强，医院、卫生院床位数逐年增加，2021 年为 55850 床，同比增加 4.06%。另外，万荣县创造性地运用竞争性用财机制推进城乡公共服务均等化；芮城县为平衡教育资源，补齐农村学前教育的短板，开启了城区优质幼儿园在农村办分园，全面管理农村薄弱园的城乡一体化办园模式，万荣县和芮城县先后入选全国农村公共服务典型案例。

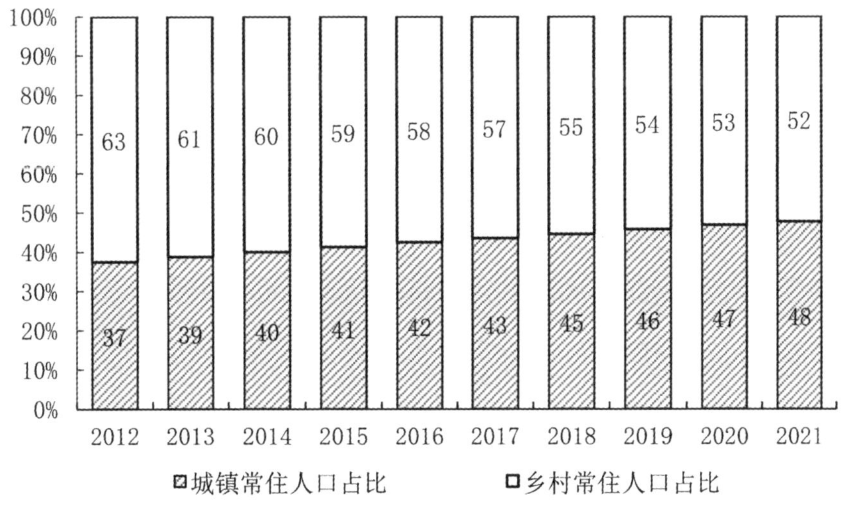

图 1-9　山西省整体推进县城乡常住人口占比

三、农业现代化水平迈上新台阶

实施乡村振兴战略以来，整体推进县农业机械总动力不断增加，2021 年为 723 万千瓦特，同比增加 1.26%。洪洞县、祁县、山阴县入选全国第六批率先基本实现主要农作物生产全程机械化示范县。2017 年起，农作物化肥农药施用量连续 5 年实现负增长，畜禽粪污处理设施逐步完善，粪污资源化利用水平不断提高，农业绿色发展取得积极进展。农技推广取得新成绩，比如新绛县对菊子家庭农场制定了油桃管理技术工作方案，为农场及周边果农提供修枝、定干、除萌、施肥、拉枝、防治病虫害等技术培训，有效提高了油桃坐果率，农场全年增收明显。农技人员增值服务取酬机制逐步完善，比如 2021 年长子县确定为省定农技人员增值服务合理取酬试点县，通过派驻人员、挂职帮扶、共建载体、联合办公等方式，为新型农业经营主体、专业化服务组织等提供增值服务并获取收益，激发了农技推广人员的积极性。农业生产托管服务取得进展，"屯留模式""洪洞模式"成功入选全国农业生产托管十大典型模式，进一步促进了现代农业的发展。

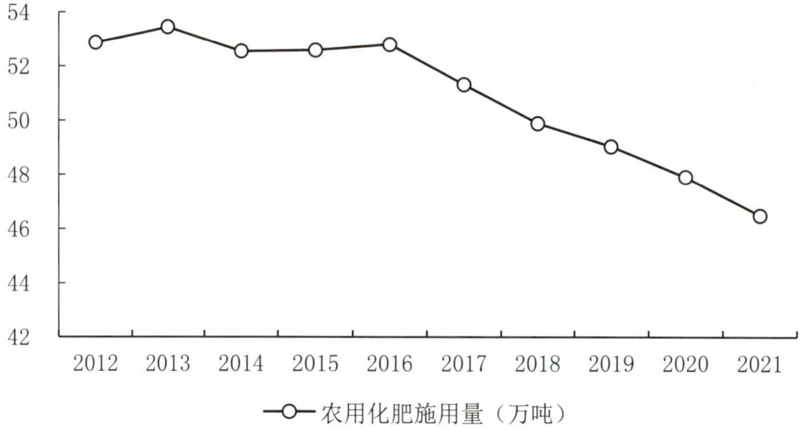

图 1-10　山西省整体推进县 2012—2021 年农用化肥施用量

四、产业融合发展取得新突破

2018 年以来，农业与二三产业交叉融合的现代农业产业体系逐渐形成，比如万荣县国家农村产业融合发展示范园以融汇现代与传统、科学与艺术、文化与传承、园艺与农耕为产业定位，以休闲与观光、产加销、农旅居一体化融合发展为目标，形成了“苹果＋果汁＋饲料＋有机肥”“果枝＋食用菌＋有机肥”“生态农业＋乡村旅游＋农家乐服务”等 3 条循环产业链，规划组织了“桃花节”“杏花节”“苹果采摘节”等 14 个文化节，建成了黄河农耕文明博览园、晋汉子农庄、桥上村农耕民俗文化体验园等一批乡村旅游精品点，拓展了农业产业和旅游产业融合发展的路径和农民增收的渠道。在国家农村产业融合发展示范园中，万荣县、古县先后获得认定。返乡入乡创业创新人员不断增加，涌现出了一批如山西天弘晋腾商贸有限公司负责人翟利伟一样的饱含乡土情怀、具有超前眼光、充满创业激情、富有奉献精神的农村创业创新带头人，成为引领乡村产业发展的重要力量。

五、农村人居环境明显改善

村容村貌提升方面，乱搭、乱建、乱堆、乱放、乱扔、乱倒等问题得到整治，对违规占地、私建庭院、毁绿圈地、违法搭建等应拆尽拆，占道经营、公路晒粮的违法占路损路行为得到改善，村容村貌得到大幅度提升。2018 年后，山西省整体推进县成功增加了 14 个中国美丽休闲乡村，有 154 个村被纳入山西省改善农村人居环境第三批省级示范村名单。生活垃圾治理方面，基本建成农村生活垃圾收运处置体系，乡镇农村生活垃圾收运能力得到提高，垃圾收运覆盖绝大多数自然村，阳曲县、介休市被评为 2020 年农村生活垃圾分类和资源化利用示范县。生活污水治理方面，通过开展农村生活污水工程，加强农村水环境治理，河湖水体也得到综合整治。农村厕所改造方面，坚持“因地制宜，一户一策”的原则，探索出了上下水的水冲式卫生厕所、三格式化粪池卫生厕所、卫生厕所加村外大三格处理的无害化厕所、卫生旱厕等模式，改厕工作取得一定成效，许多村庄“颜值”得到提升。卫生乡村建设方面，农村卫生保洁机制不断健全，村民环保意识不断增强。农业生产废弃物资源化利用方面，持续推进畜禽粪污资源化利用，多模式实施农作物秸秆综合利用，科学探索废旧农膜回收及综合利用。建设和管护机制方面，建立了农村人居环境整治专业化、市场化建设和运行管护机制，农村人居环境整治内容被纳入村规民约。

六、文明新气象逐步焕发

各县立足本地实际，把推动移风易俗、培育文明乡风作为实施乡村振兴战略的重要内容，比如交城县聚焦村容村貌提升，多措并举，上下联动，通过县、乡、村、户四级联动，形成整体推动全域治理大格局，农村人居环境得到了明显改善，黄河流域农耕文明传承发展得到提升，逐渐培育形成文明乡风、良好家风和淳朴民风，进一步提升农民素质；寿阳县通过开办“村民大讲堂”宣传社会主义核心价值观，同时坚持与传统相融相通，把讲堂活动与庙会一起开、一起办，使讲堂文化与传统庙会文化相得益彰，推动乡风文明建设更加务实有效地开展；祁县以农村红白理事会建设为抓手，坚持典型示范、创新引领，全面推进乡风文明建设。在整体推进县中，有 3 镇（乡）25 村入选第六届全国文明村镇，洪洞县文化馆入选县级文化馆、图书馆、乡镇（街道）综合文化站、村（社区）综合性文化服务中心先进集体。

七、乡村治理体系不断完善

基本构建起自治、德治、法治相统一的乡村治理体系，基层党组织的组织力、带领力、战斗力全面增强，村民的民主自治能力显著提高，乡村社会和谐有序。村民自治方面，万荣县南陈村在之前的村规民约基础上，增加了《环境卫生治理条例》《绿化公约》《红白喜事章程》等，使得《南陈村村民自治章程》内容更加全面，村规民约逐渐成为南陈村村民的共识，得到大家的认可，村民自觉遵守，起到良好的乡村自治效果；安泽县通过每半月举行一次的以村民为主角的说事议事会，有效解决了一批困扰老百姓的操心事、烦心事、揪心事，推动了脱贫攻坚与乡村振兴有机衔接。德治方面，新荣区成立了“五老工作室”，由老干部、老军人、老教师、老模范、老农技师开展政策宣讲、移风易俗评比、纠纷化解等活动，并通过评选“新时代优秀共产党员”“星级文明户”“整洁户”“十佳好媳妇”，激励村民参与基层治理。法治方面，清徐县通过表演节目的形式向老百姓讲述婚姻法、土地法、继承法等，使老百姓听得明白、看得欢乐、记得清楚；灵石县在每个乡镇都组建了由乡镇长任队长的综合行政执法队，统一管理市场监管、国土、林业、环保、公安、交通运输等站所人员，从组织架构上实现了“一龙管水”，有效破解乡镇“看得见管不着”难题。在整体推进员中，阳曲县黄寨镇录古咀村、新荣区西村乡镇河堡村、平鲁区下木角乡上木角村等 13 个村入选第八批“全国民主法治示范村（社区）”名单，古交市镇城底镇长足上村、平定县冠山镇城里街村、沁水县土沃乡下沃泉村等 14 个村入选第九批“全国民主法治示范村（社区）”名单；汾阳市贾家庄镇、夏县水头镇、阳曲县黄寨镇录古咀村等 2 镇 13 村成功入选第一批全国乡村治理示范村镇，定襄县河边镇、安泽县府城镇、清徐县孟封镇杨房村等 2 镇 11 村成功入选第二批全国乡村治理示范村镇。

八、农民生活明显改善

2018 年以来，农村人均可支配收入水平大幅提高，2021 年达到 16421.76 元，同比增长 10%，基本公共服务均等化基本实现，逐步达到共同富裕。城乡区域发展差距和居民生活水平差距显著缩小，城乡居民人均可支配收入比值大幅度下降，2020 年为 2.22，2021 年为 2.17。各县也出台相关政策，支持青年人返乡创新创业，介休市通过举办乡村振兴“人才兴农”专题培训班，选调所辖范围内各乡镇相关负责人、选调生、到村任职大学生、村支部书记、乡村振兴产业带头人参训，支持、带动更多优秀人才返乡发展壮大村级集体经济；沁源县在党群服务中心专门设立返乡人才服务，为返乡人才提供政策咨询、办公场地、商业会谈等服务，并建立“沁才回巢”微信工作群，鼓励返乡人才回乡创业；柳林县在各乡、村党组织建立了定期联系服务在外优秀人才制度，对热爱家乡、带富能力强、有回乡创业意愿的重点外出人员定期进行跟踪服务，并协调各部门为回乡创业人员开辟“绿色通道”，加大对返乡人才在技术培训、项目申报、土地使用等方面的扶持力度。在外优秀人才带项目、带技术、带经验、带人脉返乡助力家乡发展，进一步促进共同富裕。

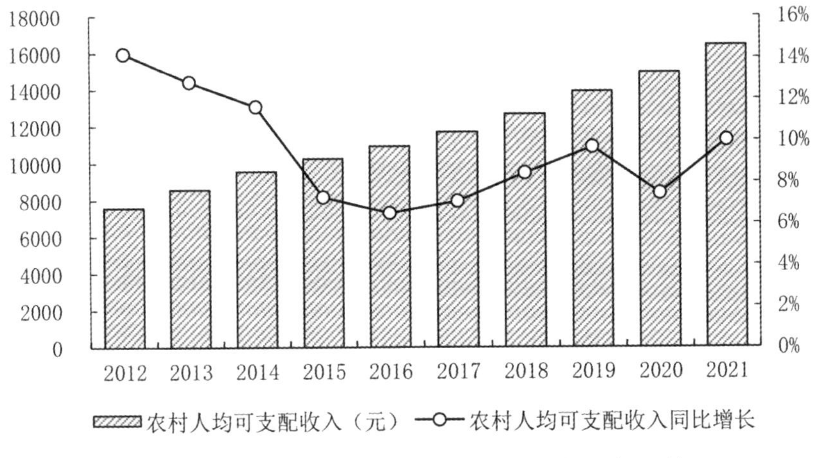

图 1-11　山西省整体推进县农村人均可支配收入

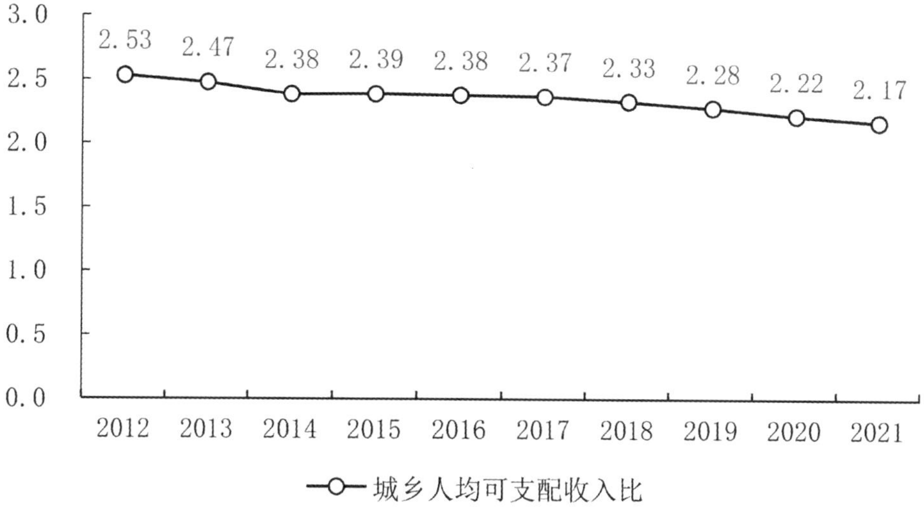

图 1-12 山西省整体推进县城乡居民人均可支配收入比值

第三节 整体推进县乡村振兴面临的困难和问题

党的十九大以来，以实施乡村振兴战略为总抓手，国家层面上出台一系列促进农业农村发展的政策，搭建起了新时代大力推进农业农村发展政策体系的四梁八柱。经过改革开放，尤其是中国特色社会主义进入新时代以来的发展，我国农业农村发展已经跃上了一个大台阶，发展水平得到极大提升。所有这些，为我们全面推进乡村振兴奠定了坚实基础。与此同时，我们也要清醒地认识到，我国城乡居民收入差距仍然较大，城乡发展不平衡的问题还较为突出。与发展不平衡相伴而来的就是农村发展中的不充分问题，农村的公共设施、文化教育、医疗养老、社会治理水平等亟待进一步提高。城乡发展不平衡、农村发展不充分，是人民日益增长的美好生活需要和不平衡不充分的发展之间的矛盾的主要方面。

一、乡村产业发展后劲不足

产业是发展的根基，实施乡村振兴战略以来，尽管城乡居民人均可支配收入比值不断降低，但城乡收入差距还比较明显。从单位面积粮食产量来看，2018 年以来，每公顷粮食产量有所下滑，农民生产积极性不高。随着越来越多的农民放弃农业生产，选择进城务工，农村闲置的土地数量增多。同时，闲置土地无法得到合理整合，集体化、专业化的农业发展模式难以形成。另外，一部分乡村产业发展规模较小，经营粗放，对外部帮扶资源依赖较强，缺乏技术、资金、人才、市场支撑，农畜产品销售多为自产自销，智慧农业、品牌农业、农产品电子商务等新产业发展尚未形成规模，乡村休闲度假、创意农业、乡村手工业等新业态还未完全形成。

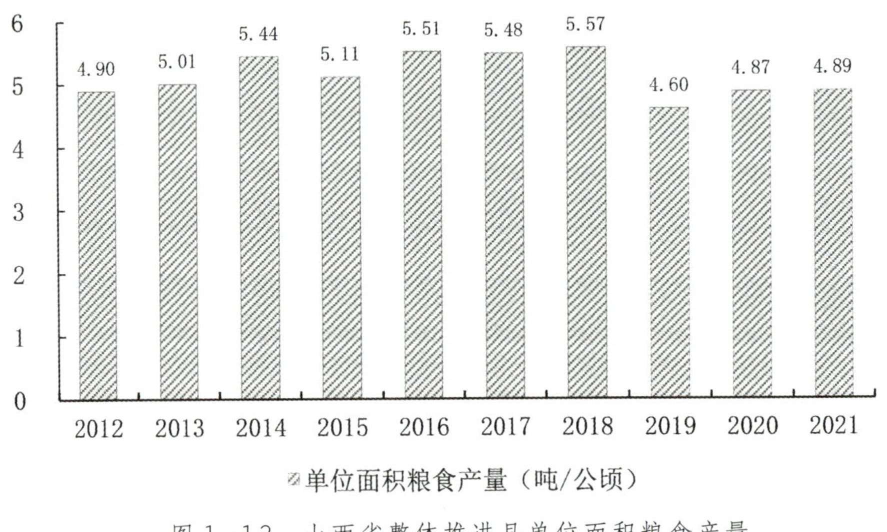

图 1-13　山西省整体推进县单位面积粮食产量

二、乡村资源盘活利用不足

在坚守 18 亿亩耕地红线原则下，涉农用地指标被严格管束，通过“占补平衡”指标调剂有关的土地要素，在现实中难以实现理想的土地要素最大化利用。农村一方面存在土地闲置撂荒的情况，另一方面也存在着其他农业项目用地紧缺的局面，要素供需结构失衡严重降低了土地资源的利用效率。在涉农抵押贷款方面，由于农村资产确权、抵押与融资风险防范等相关改革进展相对缓慢，农村金融改革困难重重。

三、城乡公共基础设施配套建设缓慢

2018 年以来，尽管农业基础设施建设受到重视，但仍然存在很多问题。比如，政府实际投入农村设施建设的资金不足，农业基础设施发展速度跟不上农业发展的实际需要，对经济发展造成阻碍。在新型基础设施建设方面，农业信息采集体系不健全，标准化、实时化、一体化监测体系缺乏；农村网络深度覆盖和广度覆盖不足，不能满足农田、圈舍、鱼塘等农业生产的信息化基础设施需要；乡村管理数字化系统不完善，农村公共安全视频监控系统、基层智能辅助决策系统、人居环境监测管理系统等普遍缺乏，农产品批发市场冷库建有率低，生鲜农产品流通销售严重缺乏智能监控设施的支撑。[①]

四、乡村生态建设依然不容乐观

近年来，虽然政府已经加大资金投入来加强农村环保设施的建设，但农村生态环境建设仍然滞后于城市建设速度。比如在生活污水、垃圾的处理上缺乏一个完整的流程，容易导致严重的地下水污染、土壤污染乃至大气污染，增加农村生态环境保护的成本。有关部门未针对乡村生态建设工作搭建系统化的运行体系，也没有采取农民群众容易接受的形式对农村生态文明建设进行有效宣传，环保知识在农村地区不够普及，部分村民一味地追求眼前利益，忽视了对生态环境的保护。另外，一些农民由于受教育程度低、生活生存压力

① 李灯华，许世卫.农业农村新型基础设施建设现状研究及展望[J].中国科技论坛，2022(02):170-177.

大以及长期传统生活习惯，对生态环境的认知水平有限，加之思维方式固化，对生态治理工作不理解不重视，不能正确理解自身利益与生态环境的密切关系，对与农业有关的环保知识掌握得比较弱，难以树立保护环境的思想意识，导致农村生态建设工作推进难度大、力度小、效果差。①

五、乡村人才短缺

在乡村振兴背景下，农村人口是乡村振兴的主要参与者，是乡村振兴战略实施的重要保障力量，是影响乡村振兴战略实施效果的重要因素。随着农村人口向城市转移，整体推进县的农村常住人口持续减少，农村常住人口占比也逐年下降，2021 年占比 52.28%。2018 年实施乡村振兴战略以来，乡村常住人口减少幅度虽有下降，但减少的趋势没有改变，农村剩余劳动力大都以妇女、老人、儿童为主，劳动力不足，新的科学技术也无法有效推广，在很大程度上制约着农业资源利用效率，甚至严重影响了农业的生产率，有一些地区出现了抛荒等问题。②

随着经济社会快速发展，城镇对农村人口产生巨大吸引力，许多受过较高教育的农村人口大规模地向城镇转移，农村剩余人口受教育程度总体偏低。再加上农村教育事业发展滞后，导致农村缺乏高质量高水平人才，成为制约乡村振兴的短板。另外，伴随着人口外流，农村拥有较大规模的失能老人，健康保障、养老服务供给等问题突出，农村人口面临着较大的健康风险。

① 于姗.乡村振兴视角下农村生态治理研究[J].当代县域经济，2022(06):71-73.

② 杨建花.我国农业人口转移对农村经济的影响探讨[J].经济研究导刊，2022(04):23-25.

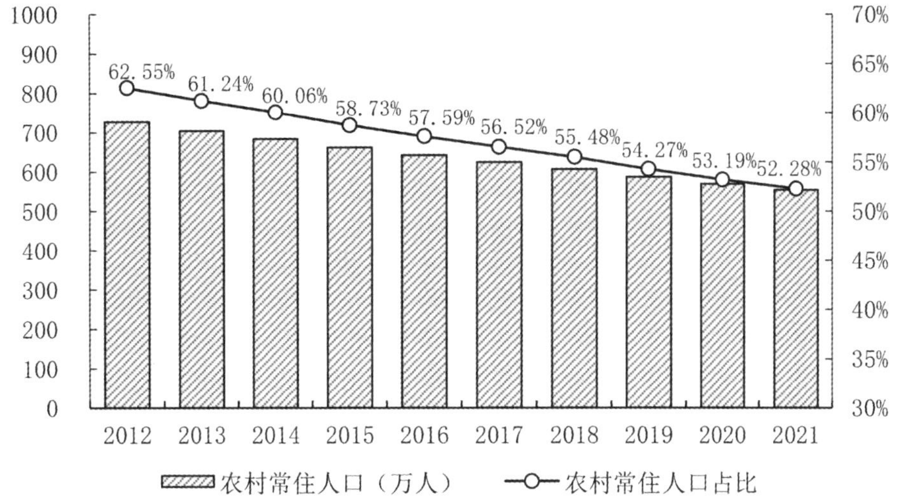

图 1-14　山西省整体推进县乡村常住人口及占比

第四节　整体推进县乡村振兴路径选择

2020 年 5 月，习近平总书记视察山西时指出，“山西山多地少，地貌多元、气候多样，这种独特的资源禀赋决定了山西农业的出路在于‘特’和‘优’”。整体推进县要立足当地农业资源禀赋，加快农业“特”“优”发展，推动农业及相关产业提质增效；加快乡村产业融合发展，提升乡村产业发展水平；推进以县城为重要载体的城镇化建设，持续推进农村人居环境整治提升行动；加快基础设施和公共服务向村覆盖、向户延伸，建设宜居宜业和美乡村；继续深化农业农村改革，加快推进乡村治理体系和治理能力的现代化，推动农业农村高质量发展，向农业高质高效、乡村宜居宜业、农民富裕富足的目标不断迈进。

一、路径选择

建设未来乡村，是实施乡村振兴战略的深化，也是城乡区域融合发展的需要，更是对全面推进乡村振兴的探索。“乡村产业振兴、乡村人才振兴、乡村文化振兴、乡村生态振兴、乡村组织振兴”五个振兴的具体路径是一脉相承的。

（一）释放乡村多元价值，打造富庶均衡、活力迸发的富裕图景

产业发展、就业充分、创业活跃，人人有事做、家家高收入，这是未来乡村的基。应瞄准城乡居民对休闲观光、乡土文化、生态环境等的新需求，着力发展乡村新产业新业态新商业模式，充分释放农业多种功能和乡村多元价值。一是促进乡村生态价值充分实现。一方面，充分利用生态资源发展乡村经济。扶持发展兼有观赏价值与产品产出的油菜、向日葵等产品生产，促进农旅融合。支持有条件的地区发展森林康养、郊野公园等生态旅游产业。另一方面，应加大对乡村地区生态效应的补偿力度。自上而下加大对各地生态保护和建设的纵向补偿，巩固和拓展退耕还林、退牧还草、退耕还湿成果，逐步提高森林生态效应补偿标准。二是促进乡村创业功能的释放。应依托乡村低密度、低成本优势有选择地承接城市无污染生产环节的转移，借助乡村田园生态、恬静宜人的环境吸引城市创新、创意、创业等人才进驻发展科技、文化等服务业。三是促进乡村一二三产业融合发展。一方面，应注重促进农业与农产品加工业的融合发展，提高农产品加工转化率。另一方面，应注重促进农业与第三产业的融合发展，大力开发农业多种功能，积极发展观光采摘、农耕文化体验、垂钓、市民菜园等建立在农业生产基础上的新型服务业，进一步延长产业链、提升价值链、完善利益链。

（二）提升乡村生活品质，打造环境优美、舒适宜居的秀美图景

绿水青山的生态、整洁有序的村容、错落有致的农房、日趋完善的公共设施，生活在乡村和生活在城市一样方便舒适，这是未来乡村的貌。应以建设宜居乡村为目标，围绕提升乡村生活品质，实

施乡村建设行动，合理划分县域内城、镇、村的节点功能，着力提升乡村基础设施和公共服务质量。一是合理划分县域内城、镇、村的节点功能。推进以县城为重要载体的城镇化建设，强化县城综合服务能力，合理确定镇区的功能，分类推进村庄建设。同时，健全城乡融合发展机制，推动城乡要素平等交换、双向流动，增强农业农村发展活力。二是循序渐进实施乡村建设行动。一方面，加强农村公用基础设施建设，以通自然村和农户家庭为重点，进一步提升村内道路、供水、供电等基础设施覆盖率和质量档次，大幅提升农村互联网基础设施建设水平；持续改善乡村人居环境，逐步推进卫生厕所全覆盖，积极推进农村生活垃圾分类、提高资源化利用和无害化处理水平。另一方面，加强农村基本公共服务体系建设，在推进城乡基本公共服务均等化上持续发力，促进公共教育、医疗卫生、社会保障等资源向农村倾斜，逐步建立健全全民覆盖、普惠共享、城乡一体的基本公共服务体系。三是保护保留乡村风貌。尊重村落原有肌理，开展田园建筑示范，全面保护古树名木，培养乡村传统建筑名匠，持续推进宜居宜业的美丽乡村建设。

（三）强化数字乡村引领，打造美美与共、智慧互联的现代图景

加快数字化技术、思维、认知在乡村的运用和普及，撬动乡村生产生活生态各领域系统变革，这是未来乡村的重要动能。应顺应数字互联发展趋势，围绕加快数字乡村发展，进一步发挥“互联网＋”作用，以数字技术和平台应用赋能各场景建设，以数字乡村建设带动和提升农业农村现代化水平。一是进一步完善农村新基建。在农村地区加快布局5G、人工智能、物联网等设施，实现数字技术与农业的深度融合，推进智慧水利、智慧农业、智慧物流建设，筑牢数字乡村的发展基础。同时，提升农村居民的数字素养和数字技能，加强组织培训，丰富培训内容，创新培训方式，让数据真正成为农民生产

“新农资”、手机成为农村生活“新农具”。二是进一步挖掘新业态、新模式的数字化潜力。拓展农业多种功能，提升乡村多元价值，推动大数据赋能特色优势产业，鼓励推动发展生态农业、创意农业、众筹农业、体验农业、定制农业、共享农业、云农场等基于互联网的新业态，鼓励各地因地制宜建设直播基地，发展直播经济，培育打造网红主播和网红农产品。实施乡村休闲旅游精品工程，推进乡村旅游、休闲农业等在线经营，推广数字创意漫游、沉浸式体验等新模式。三是着力构建乡村数字治理新体系。进一步推动乡村治理数字化、精准化，充分利用现代化智能终端，打造数字乡村综合服务平台，推动社会治理和公共服务重心向基层下移，实现服务和信息精准下发到户，让村民“小事不出门，大事不出村”，构建起上下联动、左右协调的基层社会治理共建共治共享新格局，形成了生产生活安全平稳有序的乡村新风貌。

（四）繁荣兴盛乡村文化，打造文化兴盛、精神富足的文明图景

未来乡村既要有美丽宜居的村容村貌，更要有昂扬向上的精神风貌、乡愁可寄的人文气息，这是未来乡村的魂。应将繁荣兴盛乡村文化作为全面推动乡村振兴战略的重要内容，进一步发展乡村文化事业和文化产业，不断提高乡村社会文明程度。一是深化精神文明建设。着眼文明素质养成，以乡风建设为抓手，全面深化农村精神文明建设，激发农民共同富裕的内生动力。广泛开展日常化、具体化、形象化、生活化的宣传教育，推动社会主义核心价值观转化为老百姓的思想自觉和行为习惯。倡导科学健康的生活方式，引导群众摒弃落后习俗，移风易俗，敦风化俗。二是传承发展提升农村优秀传统文化。立足乡村文明，吸取城市文明及外来文化优秀成果，在保护传承的基础上，创造性转化、创新性发展，不断赋予时代内涵、丰富表现形式。深入挖掘农耕文化蕴含的优秀思想观念、人文精神、

道德规范，充分发挥其在凝聚人心、教化群众、淳化民风中的重要作用。保护好古村落、古民居、古树名木等乡土遗存，传承好守望相助、敦亲睦邻、克勤克俭、耕读传家等乡土基因，让中华民族文脉永续。三是进一步丰富文化供给。一方面，丰富农村居民的精神文化生活，在乡村开展各种文化文艺活动，如持续开展各种文化文艺下乡活动，让农村居民分享越来越多的优质文化资源。另一方面，充分发挥乡村文化空间的作用，充分利用村民大讲堂、农民议事厅、道德讲堂等公共空间，开展各种文化活动，让终身学习成为未来乡村新时尚。

（五）提升乡村治理效能，打造安居乐业、共建共享的幸福图景

加强党建引领，夯实自治基础，健全法治保障，深化德治支撑，加快推进乡村治理体系和治理能力现代化，这是未来乡村的本。应围绕提升乡村治理效能，合理界定自治、法治、德治的边界，探索自治、法治、德治的有效实现形式，促进传统治理资源和方式与现代治理理念对接。在自治方面，进一步调整完善村级自治组织的基本功能和实现形式。一方面，合理设置自治半径。推动乡村治理重心下沉，探索以村民小组或自然村为单元开展自治，进一步完善村民参与机制，扩大村民自治平台，充分发挥村民的主体性作用。另一方面，充分利用新的自治资源。充分发挥除村民委员会这一法定组织之外的新型社会组织（如各种理事会）在化解矛盾、协调利益、排忧解难方面的良好作用，同时更加注重告老还乡的干部、教师、工商人士等新乡贤在乡村自治中的积极作用，增强基层社会组织发展的力量。在法治方面，树立依法治村的理念。进一步完善村民自治法律体系，引导广大干部群众在法制框架内维护自身合法权益。重视发挥村规民约的积极作用，实现村民自我管理、自我教育、自我约束。加大农村普法宣传力度，引导农民遵法、守法、用法，逐

步养成用法律手段维护自身权益、处理矛盾纠纷的习惯。在德治方面，应强化道德教化作用。引导农民向上向善、孝老爱亲、重义守信、勤俭持家。建立道德激励约束机制，引导农民自我管理、自我教育、自我服务、自我提高，实现家庭和睦、邻里和谐、干群融洽。

二、保障措施

持续、快速、高质量地促进未来农业农村现代化建设，需要顺应农业农村发展的结构性、趋势性变化，充分发挥工业化城镇化深入发展产生的辐射作用，充分利用社会主要矛盾变化所带来的历史机遇，遵循城镇化和乡村发展规律，以推进全面乡村振兴为抓手，实现农业高质高效、乡村宜居宜业、农民富裕富足。

（一）加强人才队伍建设

一是培养选拔优秀的基层干部和农村带头人。进一步提高基层待遇保障，加强物质、精神双重奖励，激发基层干部积极性，充分发挥基层干部的主观能动性，不断吸纳各类人才壮大农村基层干部队伍。二是培育以新型职业农民为主体的农村实用人才队伍。借助职业技术学校等平台，对农户开展技术、创业服务等方面的培训，培育一批“新时代的新农民”，不断发展壮大有文化、懂技术、善经营、会管理的高素质农民队伍；加大资金投入，鼓励引导高校应届毕业生、大学生村官和优秀的城市人才下乡创业；加快完善以农机推广服务机构、农业职业院校为主体的新型职业农民培训教育体系，围绕特色优势产业，深入推进现代青年农场主、林场主培养计划和新型农业经营主体带头人轮训计划，探索培育农业职业经理人，培养适应现代农业发展需要的新农民。三是优化人才引育机制。政府发挥主导作用，严格按照政策要求，明确人才引进标准，构建科学合理的人才引进方案，简化人才引进流程，多种方式引进人才；根据全产业链需求与农商文旅体融合发展要求，精准引育乡村旅游、农村电商、农业科技、文创品牌等各类专业人才；注重引进与培养使用并重，培养一批具有重要影响力的创新团队、高素质技术技能人才、带动能力强的农村实用技术人才。四是健全基层人才的福利待遇保障。给予必要的基层人才生活经济补贴，拓宽基层人才的职位晋升渠道，确保人才引进来、留得住。

（二）强化基层组织的引领与带动

一是提升基层组织带头人的能力素质。充分发挥好农村党员在乡村人才振兴中的模范带头和战斗堡垒作用，通过党员联系群众、设立党员议事制度等方式，为党员积极参与村庄治理提供有效平台和机会。增强基层干部带领群众增收致富和推动乡村振兴的本领，提高党员干部业务素质和工作能力，把靠得住、有本事、有带动能力、熟悉产业经营和善做群众工作的优秀人才充实到基层领导岗位。二是打造富有凝聚力和战斗力的基层组织。结合乡村地区实际状况，对基层组织进行优化协调，加强组织标准化规范化建设。另外，完善竞争、考核、奖惩等机制，进一步提高基层组织落实工作的积极性，逐步提升基层组织凝聚力和战斗力。三是做好协调工作。下沉工作重心，以人民群众为根基，广泛听取群众诉求，切切实实解决人民群众的急难愁盼问题；统筹协调好政策、人才、资本、技术等一系列社会资源，畅通返乡通道，不断为乡村建设注入新鲜血液，提升内生动力；充分发掘当地优势特色，积极联系各方资源，扩大招商引资渠道，把当地农业、产业、文化等特色与现代大数据连接起来，积极推动科研项目落地生根、科研成果转化孵化，协调各方资源，充分发挥市场资源配置作用，推动乡村建设不断发展。

（三）促进多方共同参与

积极调动地方政府、产业龙头、农村合作社、家庭农场等多方参与，形成可持续发展的产业融合经营模式，共享发展红利。地方政府要做好顶层设计，加强政策引导和扶持，科学制定发展规划，健全公共政策，优化市场环境；产业龙头在农业全产业链中要发挥引领带动作用，创新探索联农带农发展，带动更多农民融入现代乡村产业，分享产业增值收益；农村合作社要创新发展模式，保障农民在市场交易中的地位和话语权；家庭农场要引进先进技术和生产手段，促进各类要素在农业生产过程集约配置，提高农业生产效率。

（四）健全乡村振兴多元投入机制

坚持把农业农村作为一般公共预算优先保障领域，压实地方政府投入责任。土地出让收益用于农业农村比例逐步提升，扩大地方政府债券用于农业农村规模，发挥好农业产业发展基金作用。健全财政金融协同联动机制，鼓励将符合条件的项目打捆打包按规定由市场主体实施，撬动更多金融和社会资本按市场化原则投入农业农村领域。用好再贷款再贴现、差别化存款准备金、差异化金融监管和考核评估等政策，推动金融机构增加乡村振兴相关领域贷款投放。开展特色农业保险。发挥农业信贷担保作用，不断调整优化担保费用补助、业务奖补和贴息政策，服务更多农业适度规模经营主体。发挥资金在产业融合中的作用。建立农村产业融合发展专项资金，完善违规使用资金的处罚机制，优化农村资金的使用、管理和分配；加大资金筹措力度，让更多信贷机构可以面向农户，使金融服务可以真正渗透农村地区，充分发挥资金在农村一二三产业融合发展中的作用。

乡村振兴，未来可期。面对国际竞争形势，更加凸显出乡村振兴是我国社会持续稳定健康发展最重要的任务。未来乡村建设作为乡村振兴进程中的一种新探索，是美丽乡村建设升级的新体现，也是推动乡村高质量振兴和农村居民高品质生活的新需要。如果用一句话概括未来乡村的建设，那便是“构建面向未来的生产生活方式，推动生产和生活的有机融合，使乡村真正成为高品质宜居、宜业、宜游、宜学、宜养、共同富裕的美丽乡村、幸福乡村”。

第二章

产业兴旺

党的十九大提出实施乡村振兴战略，提出了“产业兴旺、生态宜居、乡风文明、治理有效、生活富裕”的总要求。其中，产业兴旺列在首位，是最为基础、最为关键的任务。

第一节　概述

产业兴旺，是解决农村一切问题的前提。《中共中央、国务院关于做好2022年全面推进乡村振兴重点工作的意见》中强调要“聚焦产业促进乡村发展”，对聚焦产业促进乡村发展作出重要部署并提出明确要求。面对新部署、新要求，需要统筹整合资源，充分依托山西农业独特资源优势，重点实施一批促发展特优农业项目；要不断拓展农业多重功能和乡村多元价值，构建具有地方特色、充分竞争力的现代乡村产业体系、生产体系、经营体系，聚焦“链主”企业、专家团队、拳头产品、特色品牌等关键环节，做实做强三大战略五大平台，做大做优农产品精深加工十大产业集群，创新创建一批现代农业产业示范园区、产业集群、特色强镇；要不断延长产业链、提升价值链、保障供应链、完善利益链，让农民更多地参与产业发展、分享增值收益。需要大力实施农业经营主体倍增工程，落实培育壮大市场主体若干政策措施，培育发展一批带动力强的家庭农场、农民专业合作社，引进壮大一批竞争力强的农业产业化龙头企业。需要大力提升农业科技驱动能力，围绕产业链部署创新链、围绕创新链部署资金链和资源链，引导农产品加工企业牵头开展“产学研用”联合攻关，高水平建设晋中国家农高区，加强特优农业产业创新团队和平台建设；要加快智慧农业和数字乡村建设，创新一批关键核心技术，集成应用一批先进实用科技成果，示范推广一批农业可持续发展模式。需要不断发展壮大县域经济，推动形成县城、乡镇、中心村分工合理的产业空间结构，引导农产品加工业更多向县域、主产区转移，大力发展县域范围内比较优势明显、带动农业农村能力强、就业容量大的富民产业。

第二节　科技助力乡村振兴“提档加速”——长治市长子县

近年来，长子县坚持把发展作为第一要务，立足本县实际，大力发展现代农业，以发展设施蔬菜作为突破口，不断增强新品种、新装备、新产品、新技术和新模式等高质量科技成果供给，做大、做优、做强蔬菜产业，助力乡村振兴“提档加速”。

一、基本情况

长子县位于山西省东南部，上党盆地西侧。全县总面积 1029 平方千米，辖 9 镇 2 乡 2 个服务中心，286 个行政村，总人口约 29.8 万。境内地平水浅，日照充足，水源丰富，土地肥沃，四季分明，昼夜温差大，和山东寿光一样位于北纬 36 度的设施蔬菜发展“黄金带”，有“米粮川”“菜篮子”“中国青椒之乡”之称，是中国果菜无公害十强县、全国农业标准化示范县、全国社会主义新农村建设示范县、全省蔬菜生产大县、省级农产品质量安全县、省级现代农业示范园、国家级有机肥替代化肥试点县。

种植蔬菜是长子县农民增收致富的主要途径，全县 70% 以上的农民常年从事蔬菜生产、销售、加工等相关环节的经营活动。目前种植蔬菜的种类逐渐增多，除常见的西红柿、茄子、西葫芦、豆角、黄瓜等大路菜外，还有食用菌、西蓝花、荷兰豆等高端种类。蔬菜播种面积达到6.73万亩，其中设施蔬菜种植面积达到2.67万亩，蔬菜及食用菌产量达到24万吨左右，“长子青椒”成为山西省农产品市级区域公用品牌，“长子青椒”“长子河岸红薯”两个特色农产品入选农业农村部名特优新农产品名录，“菜篮子”真正成了百姓的“聚宝盆”。

二、主要做法

长子县在发展蔬菜产业过程中，坚持把科技创新作为强有力支撑，通过实施农业科技平台载体建设、科技项目引领、科技服务供给等措施，增强蔬菜地域竞争力，进一步夯实乡村振兴基础。

（一）大力提高科技含量，推动现代农业园区高质量发展

长子县充分发挥科技在蔬菜产业发展中的支撑作用，以提高科技含量为核心，规划一批布局合理、产业体系健全、运行管理规范、综合效益明显、市场竞争力强的现代农业产业园区，实现蔬菜产业的全链条开发、高质量发展，引领带动乡村产业做大做强。目前，全县已建成1个省级现代农业产业园、10个市级现代农业产业园、19个县级现代农业产业园，涉及丹朱镇、宋村乡、石哲镇、大堡头镇、鲍店镇等5个蔬菜主要种植乡镇，涵盖了生产、加工、科技、销售、冷储全产业链，总体形成了产业园、研发区、示范区、种植区、加工区、物流交易区“一园五区”的发展格局。一些园区通过创新“夏错峰”种植技术，完善“棚地产”经营方式，打造“全循环”发展模式，开展水肥药膜“四节”示范推广，不断推动现代农业产业园区高质量发展。

（二）不断引进特优品种，深入开展绿色高效示范推广

长子县大力引进高抗病毒性的蔬菜品种，通过开展试种并进行大力推广，成功使蔬菜提早一个月上市，帮助农户降低生产成本的同时，提高了蔬菜的产量、品质和市场竞争力。同时，长子县针对

蔬菜老基地发展中遇到的连作障碍等瓶颈，以及制约蔬菜产业发展的土壤不消毒、病虫害多、施化肥过多、漫水灌溉、土壤板结、有机质含量少等问题，充分依托5个区域站和50个经营主体开展了3000亩的蔬菜绿色高产高效部级示范区创建工作，通过集成使用改良土壤技术、水肥一体化技术、绿色防控技术等技术模式，促进良种良法配套、农机农艺融合，提高蔬菜产量、改善蔬菜品质、降低生产成本。目前菜农减少了化肥使用和农药喷洒，每一亩提高产量246公斤、增收73.8元。

（三）注重育苗基地建设，全面搭建"院县合作"平台

在育苗方面，大力引进穴盘无土育苗技术，建立育苗基地，蔬菜集约化育苗产业得到飞速发展，目前长子县育苗生产初具规模，种苗商品化工作居于全省前列。加强院县合作，与山西农业大学（山西省农业科学院）蔬菜研究所合作，引进试验种植南瓜新品种、青椒嫁接栽培新技术、绿色西葫芦设施栽培新技术，以及蔬菜种植综合运用水肥一体化、滴灌、微喷等技术，推广有机肥替代化肥、

图2-1 长治市长子县西王内村大棚种植蔬菜

水肥一体化、地膜覆盖、物理杀虫灯、黄蓝板、遮阳网、防虫网等技术。从中国农科院引进新型高科技多功能植保机杀虫、杀菌、增温,形成一套“水陆空”旱作模式,为蔬菜产业发展提供技术支撑。

（四）加强技术指导培训，建立健全农业科技服务体系

一是健全农业科技服务体系，县农业管理部门成立了测土配方检测中心、农药残留检测中心、病虫害预测预报中心、农业信息服务中心，助推蔬菜产业发展。充分发挥县蔬菜研究会、蔬菜产销协会和冷库协会等中介组织的作用，开展技术研发和交流活动，全县从事蔬菜种植服务的农业中介服务组织有 470 多个；二是组建病虫害专业化统防统治队伍，重点实施宋村乡西蓝花绿色防控示范区、丹西龙鑫蔬菜大棚绿色防控示范区、小蚯蚓植保新技术展示片、鲍店西任玉米植保新技术展示片、王峪向阳峪小米植保新技术展示片等项目，助推农业绿色发展；三是积极开展专项技术培训，积极开展人才工程和素质提升工程，遴选基层农技人员、高素质农民参加省、市组织的能力提升培训。组建由省、市、县三级构成的专家团队，进行政策宣讲，积极开展技术指导服务，帮助解决技术问题。从全县农技人员中遴选技术指导员，为全县的农业科技示范主体提供种植、畜牧等方面的技术及培训服务。开办农民夜校、农民田间学校、现场示范展示观摩会，定期或不定期聘请山西农业大学（山西省农业科学院）和省内外农业专家、技术人员为农民传授新技术，到生产一线现场指导，帮助农民解决生产中遇到的技术难题；四是设立科技专项基金，为鼓励蔬菜新技术的研发和应用，长子县专门设立了科技创新基金、产业发展基金，用于蔬菜产业带头人、科技创新有功人员的奖励，调动了农民和科技人员创新的积极性。

三、经验启示

产业振兴是乡村振兴的关键，产业振兴迫切需要科技赋能，为

乡村产业发展注入强劲的发展动能。长子县坚持以市场为导向，以科技为支撑，推动科技创新与特色产业有机结合，将蔬菜产业发展建立在科技创新支撑的基础上，大力实施科技创新驱动发展，不断强化农业科技平台载体建设、科技项目引领、科技服务供给等，进一步推动蔬菜产业高质量发展，蔬菜产业竞争力得到增强，为其他地方发展蔬菜产业提供了一定借鉴。

（一）要把科技支撑乡村特色产业发展作为主要方向，实现科技资源与特色产业全面无缝对接

要以乡村特色产业发展需求为导向，充分发挥农业大学、科研院所的作用，与乡村、企业进行有针对性的合作共建，通过共建实验室和产业基地，共同研发新技术、新产品，共同打造特色产业链，实现乡村特色产业的技术需求和科技成果转化的无缝对接，促进科技与特色产业的深度融合，加快推动形成产学研紧密结合的农业科技创新体系。尤其注重技术集成创新，大幅度提高全产业链的科技含量和最终产品的质量档次，增强产品市场竞争力，助力农业产业高质量发展。

（二）要把继续推广科技特派员制度作为重要支撑，推动科技特派员由“单兵作战”向“团队作战”转变

科技特派员是强化农业科技服务的重要力量，要继续推动落实科技特派员制度，探索新思路、实施新举措，充分发挥科技特派员在技术转化推广中的作用。一是坚持按需服务，实现精准派驻，定期选派专业对口、素质优良、愿意扎根农村、年富力强的科技人才及其科研团队进驻乡村，开展一对一、面对面、点对点的技术指导和咨询服务，进而带活一个特色产业、带动一个乡村振兴。二是要紧密结合当地乡村实际，充分挖掘本土资源，精心挑选有特色、有优势、有前景、易传授、易推广的技术成果，送到当地农业企业和

农民手中，把技术链与产业链完整地连接起来；三是要创新运作方式，放大科技特派员品牌效应，引导科技特派员参与研发管理，或以技术入股的方式与企业合作，实现风险共担、利益共赢，或设立科技特派示范基地，充分利用高端科技团队与科技特派基地实现“组团联动”，推动科技特派员从“单兵作战”向跨区域服务、组团服务转变；四是强化要素保障，完善科技特派员服务体系。对科技特派员给予工作经费补助，其专业技术职务评聘在同等条件下优先评审推荐，对于和科技特派员合作紧密、成效明显的企业，给予科技金融等方面的政策支持。

（三）把建设农业现代产业园区作为重要载体，引导各类创新要素在园区和县域集聚

坚持创新驱动，加快推进农业科技园区和现代化农业园区建设，促进农业特色优势产业实现规模化、园区化生产。加快推进农业科技进步和成果转化应用，整合各类生产要素，促进资金、技术、人才、项目等优质资源向农业园区集聚、向县域积聚，依托产业技术联盟等突破农业特色产业的关键技术难题，依托农业科技服务超市等推进解决种植、养殖技术难题，形成优势产业布局合理、设施装备优良、技术模式先进、产品优质安全、经营机制创新、管理服务完善的农业产业发展新高地。

第三节　聚焦生态优势　破局乡村产业——潞城区西流南村

近年来，西流南村坚持支部引领、党员示范、全员共建，聚焦优质生态环境，将生态优势转化为发展动能，努力在实现乡村振兴中破局探路，带领群众走出了一条脱贫致富的小康路。

一、基本情况

辛安泉镇西流南村位于长治市潞城区东部，地处辛安泉域腹地，素有“长治生命泉”“上党小江南”的美誉，总面积8.634平方千米，耕地2405.63亩，辖313户、1180余人，党员65名。村庄环境优美，四面环山，浊漳河穿村而过，村中溪流淙淙，华北第二大岩溶泉辛安泉出露于此，是长治市八十万人民的生命之源。2019—2021年，西流南村连续3年村集体经济收入突破百万元，先后获“省级美丽乡村建设示范村”“省级卫生村”“市级乡村振兴示范村”等荣誉称号。

二、主要做法

近年来，西流南村聚焦优质生态环境，借势美丽乡村建设，依托村集体股份经济合作社，通过发展特色农业、乡村休闲旅游、民俗文化等产业，把本村的山水、人文、农业等资源环境优势转化为发展动能，向绿水青山要效益，大力发展生态产业，在壮大集体经济的同时，带领群众共同致富，助力乡村振兴。

（一）改革积聚集体土地，为生态优势产业发展提供条件

几十年来，西流南村沿浊漳河1300多亩集体土地被少数人无偿使用。2018年以来，村党支部经过多次入户协商和会议研究，制定了《沿河滩地产权改革分配方案》，对全村集体资源进行清查整顿，在立足自身实际基础上，由集体经济合作社统一收回1300余亩土地，并将连片的600余亩农户土地，以入股的形式，一并由村集体股份经济合作社统一经营管理。坚持“支部主导、集体经营、干群参与、收益共享”的原则，谋划实施了“青葱乐园”农耕文化体验园、“晚渡风情”慢生活体验园、特色农业综合体等项目，拓宽农村集体经济增收渠道。

图 2-2 潞城区辛安泉镇西流南村青葱乐园

（二）继续夯实基础产业，积极探索新业态发展新产业

一是夯实基础产业，通过“支部主导、集体经营、干群参与、收益共享”的方式，由村集体统提供种了肥料，并以产业种类为基础划分为 6 个网格责任田，由村“两委”干部负责，将有意愿、责任心强的党员、村民代表及其他群众纳入网格共同经营，还专门成立了农机专业服务合作社，实施机械化作业，目前共发展采摘桃林 200 余亩、连栋大棚 1 架、苗木花卉 800 余亩、特色小杂粮 700 余亩；二是拓宽增收渠道，通过“田园采摘 + 网络直播 + 市场销售”的模式，不断拓展农产品销售渠道，年销售额近 10 万元。村集体自筹和争取上级资金 300 余万元，建设了农产品加工车间，项目建成后解决了本村玉米、红薯等农作物的初加工需求，安排本村 20 余名

村民就业，人均增收 8000 元，增加村集体经济收入 10 万元。成立了农机专业服务合作社，向本村村民和周边村提供农耕服务，每年集体增收 6 万余元；三是发展新兴产业，依托生态资源优势，大力实施“青葱乐园”项目发展乡村旅游，该项目规划占地总计 200 余亩，集餐饮、采摘、游乐展厅、民宿等于一体，建成后可实现年营业收入 200 万元，安置 30 余名村民务工就业，带动 8 户种植专业户经营大棚油桃以及露地毛桃。每年通过举办桃花节、采摘节等多项活动，带动开发农家乐以及辐射带动文创、电商、科普培训、物流等相关产业的发展，实现村民持续增收，促进村集体产业经济稳步增收 20 余万元，西流南村被长治市列入“市级乡村旅游示范村”。

（三）围绕生态优势产业，打造品牌形象提升品质效益

聚焦“创特色、打品牌、提效益”的发展思路，在实施特色农业综合体产业项目的基础上，多次组织党员干部到周边县区和河北、河南等邻近省份参观学习乡村旅游和产业发展。立足“水源地保护区”的金字招牌，开展了“学党史、走红路、赏桃花、映春晖”第一届桃花节、“十里桃林”采摘节、“硝烟散尽山花香”红色乡村骑行游、元宵节花灯展等品牌文化活动，承办了 2021 年度潞城区第四届农民丰收节和农产品展销会，年吸引休闲游客近十万人次，成为潞城区知名的网红打卡村，助力村集体经济连续 4 年突破百万元。目前该村正在打造“青葱岁月”“火红年代”等城郊休闲体验农业产业项目，将为集体经济进一步升级换代注入“强心针”，助力集体经济收入持续增收。

（四）发展壮大集体经济，实现产业集约化规模化发展

为了全面落实乡村振兴战略，坚持以“产业兴旺、生态宜居、乡村文明、治理有效、生活富裕”为指导，加快农业农村现代化步伐，大力发展壮大集体经济。西流南村成立了西流南村股份经济合作社，

通过土地流转，由合作社统一经营，走集约化、规模化发展的道路，全体股民拧成一股绳，集中力量办大事，使西流南村的产业发展经营效益年年上升。2022 年，西流南村举行了集体股份经济合作社分红大会，这是集体合作社成立以来的第四次分红，按土地托底分红后，如有盈余则按照产权制度改革分红方案给全体股民进行二次分红，按照股民入股比例情况，村集体本次为本村股民分红约 24 万元。通过股民分红，使西流南村产业发展的成果真正惠及普通群众，切实让大家享受到更多的集体经济发展红利，增强了股民的凝聚力，提高了大家的获得感和幸福感，更加激发了西流南村发展集体经济的澎湃动力。2018 年以来，村集体通过自主经营，发展特色农业综合体产业，实现每年增加集体经济收入 50 余万元，累计增加 200 余万元，除去经营成本外，累计净收入近 80 余万元，并以 60% 的比例向全体村民分红 70 余万元，同时带动周边群众务工收入每年增加 5000 余元，全村 17 户贫困户顺利实现脱贫目标。在 2021 年，西流南村村集体经济收入就达到 110 万元，人均纯收入 2 万余元。在全力推进农业综合体产业项目的基础上，西流南村还通过为 4 个驻村企业提供日常保障服务、集体农机具对外耕作服务以及通道绿化、生态林等其他集体土地承包收入 30 余万元，获得了市级绿色有机产业园建设、区级红薯种植基地产业、乡村振兴项目奖补共 125 万元，为集体经济提供了多元化收入保障。

三、经验启示

西流南村能够立足实际，因村施策，借力发力、借势而动，把山水、人文、农业等资源环境优势转化为发展动能，实现乡村经济、生态、社会和文化的紧密融合，走出了一条脱贫致富的新路径。

（一）特色化发展是实现乡村产业可持续发展的关键

西流南村属于水资源保护重点区域，有优美的自然风光、丰富的文化底蕴，决定了该村发展养殖业和工业不具备优势。为此，该村因地制宜，积极探索资源开发、机制创新的路径方法，充分挖掘本村的优势资源，激活村级生态资源、自然资源和丰富的民俗风情、农耕文化等资源，有效运用农村服务业发展、农村电商等有效途径，切实把政策、资源等优势转化为乡村发展优势，将生态自然文化优势转化为村级发展动能，坚决走特色化、多元化的道路，实现了乡村产业的兴旺，带动村民增收致富。

（二）发展壮大集体经济是乡村产业发展的重要任务

实现乡村振兴必须以强有力的村级集体经济作为支撑。乡村从不缺乏资源，农村集体组织掌握着农村大量的资源，而发展乡村产业的重要任务就是要进一步有效盘活这些资源，使这些资源真正转变为发展的资本，通过乡村产业发展壮大集体经济，实现资产保值增值、集体增产增收。西流南村积极探索村级集体经济发展的新路子，坚持创新、协调、绿色、开放、共享的新发展理念，注重把握乡村自身特点，通过“支部主导、集体经营、干群参与、收益共享”的方式，谋划实施了一批农旅结合、产业融合的特色农业综合体等项目，通过产业项目发展盘活了集体资产、拓宽了农村集体经济增收渠道，为乡村振兴提供全面支撑。

（三）坚持党的领导是实现乡村产业发展的强大后盾

村民富不富，关键看支部。基层党组织能够最大限度组织动员各方力量、汇集各类资源，快速形成助推乡村振兴、产业振兴的强大合力。西南流村强化党建引领，切实增强村级党组织的凝聚力和战斗力，村党支部通过积极推进农村集体资产改革，盘活集体资产、唤醒农村集体资源，化解历史遗留矛盾；通过“支部主导、集体经营、干群参与、收益共享”的方式，由“两委”干部负责，将有意愿、责任心强的党员、村民代表及其他群众纳入发展乡村产业中来，通过发展乡村休闲旅游产业、彩灯制作销售和农产品种植加工，推动村级集体经济特色化、多元化发展，有力推动了村级集体经济高质量发展，助力乡村振兴。

（四）不断深化改革是实现乡村产业发展的强劲动力

深化农业农村改革会有效激发发展的动力和活力。西流南村通过农村集体资产改革，摸清家底，建立台账，唤醒农村沉睡资源。在符合国家产业政策的前提下，创新集体经济发展模式，允许农户以土地入股，并与在村里经营苗木的3家企业签订合同，一并由村集体股份经济合作社经营管理，走集约化、规模化发展的道路，发挥出土地的规模效应，全体股民拧成一股绳，集中力量办大事，使西流南村的产业发展经营效益年年上升。

第四节　融合发展提高产业综合效益——乡宁县云丘山村

云丘山村依托深厚的历史文化底蕴和乡村旅游资源，积极探索“农旅融合、文旅结合”发展模式，培育多样化、个性化的乡村旅游业态，不断提升乡村旅游发展的生态效益、经济效益和社会效益，助推乡村产业发展。

一、基本情况

云丘山村，位于临汾市乡宁县城南50千米处的关王庙乡马壁峪河畔之上。总面积95.46平方千米，有22个自然村，常住人口3346人，党员127人。云丘山村因依托云丘山国家5A级旅游景区而得名，是山西晋南地区典型的旅游乡村，被评为“中国美丽休闲乡村”“全国乡村旅游重点村”省级生态村、3A级乡村旅游示范村、山西省首批“黄河人家”、山西省休闲农业和乡村旅游示范点。

二、主要做法

云丘山村依托本地优势资源，坚持党建引领，通过走“以企带村、强村促企、村企共赢”的发展模式，推动“农业+”多产业融合发展，助力乡村振兴。

（一）多方谋划、共同规划，以强有力的党建引领村企融合发展

云丘山村村委和企业把企业发展和乡村发展有机结合，多方谋划，共绘蓝图，党建引领推动村企合作互利共赢，村企联合成立了中共关王庙乡云丘山乡村旅游中心委员会，下设5个党支部，借助云丘山景区客流量来发展乡村旅游，景区规划建设将农村的发展和村民的致富考虑在内，村民们也全力支持景区建设发展，实现了“以企带村、强村促企、村企共赢”的村企融合模式，促进乡村振兴。

（二）龙头带动、村民参与，实现“农业+”多产业融合发展

以省级农业产业化龙头企业乡宁县云丘山旅游开发有限责任公司为龙头，以市级农业产业化龙头企业云丘红、永兴康等公司为基础，投资810余万元，流转村民土地11900余亩，发展有机旱作农业和有机蔬菜，为乡宁县有机农业发展注入新力量；投资1200余万元有效保护了“山西黑猪”这一地方生猪品种，建成年出栏3000头的“山西黑猪”养殖基地；打造云丘山农副产品直销中心，为乡宁县农产品搭建平台，线上线下进行销售。积极培育引导村民参加景区吃住行、游购娱经营，促进农民增收；引导村民自主创业，开办乡村旅馆、农家乐；安排了脱贫户在乡宁县云丘山旅游开发有限责任公司直接就业人数269人，人均月收入2950元；云丘山村内的建设优先吸收当地村民承包工程，组成工程队；引领382户农民组成上河优质

粮食种植专业合作社，对村民土地进行土地流转，返聘村民进行种植有机粮食和有机菜、药茶等，保护开发翅果油树等农业产业发展农耕生产体验，给脱贫户担保贷款进行畜禽养殖，将农民收入与农业、旅游产业有机结合，促进农民收入的增加。

（三）深挖内涵、树立品牌，打造特色文旅融合产品

紧紧抓住中和文化这一核心文化，围绕非遗文化民俗等丰富的文化遗存，引入科技，强化保护，创新方式，做好展示；围绕9座国家级传统村落，紧扣民俗背景，恢复原貌格局，选准主题定位，培育古村落文旅新业态，开发塔尔坡古村晋南民俗村，在康家坪古村打造国内一流的民宿，并对每一个古村进行精准定位，逐一开发；开发世界三大冰洞奇观之一的云丘山冰洞群；保护每一处生态，封山禁牧，植树造林，以实际行动带动当地群众观念的转变。

三、取得成效

近年来，在当地政府的正确领导和大力支持下，云丘山村的文旅产业发展保持了快速发展的良好态势，有力带动农民收入增长。

（一）“旅游＋农业”促进集体经济发展

培育了乡宁县云丘山旅游开发有限责任公司、乡宁县永兴康生态养殖有限公司、乡宁县云丘红农业服务有限公司、乡宁县岳山河乡村开发有限公司、乡宁县上河优质粮食种植专业合作社、山西云丘山农业振兴科技有限公司等新型经营主体。其中乡宁县云丘山旅游开发有限责任公司是省级农业产业化龙头企业，该公司开发的云丘山景区是国家5A级旅游景区；乡宁县永兴康生态养殖有限公司、乡宁县云丘红农业服务有限公司是市级农业产业化龙头企业。云丘山村通过旅游及农业等产业直接就业人数269人，间接带动务工就业2930余人。云丘山村通过“旅游＋农业”发展模式，全方位带

动乡宁县 8 个乡镇、80 余个村的建档立卡贫困户 2573 户、8793 人脱贫致富，户均增收 22000 余元。村集体经济由原来的无收入增长到年收入 100 余万元。

（二）绿化美化美丽宜居乡村形成

云丘山村通过美丽乡村项目的建设，村庄美化、绿化及公共景观绿化工程达 15626 平方米，文化广场 1225 平方米，还设有村办宣传爱国主义教育基地，建设了纪念墙、浮雕走廊、村内文化墙、村内指示牌、讲解牌等。村内森林覆盖率在 80% 以上，水质优良。空气中负氧离子的含量每立方厘米高达 25000 个，是城市空气中负氧离子含量的 30 多倍，被誉为“天然氧吧”。村内的文化遗产得到了很好的保护和挖掘，保护了传统古村落，村内塔尔坡、鼎石、康家坪、鹿凹峪、下川、上川、安汾、后庄、前庄等 9 个自然村被评为“国家级传统古村落”，村委会对传统古村落进行保护改造，使传统古村落得到更好的保护和传承。通过乡村绿化美化，人居环境得到改善，全部成了名副其实的美丽乡村。云丘山村内的大河村被评为“中国美丽休闲乡村”，坂儿上村被评为“全国乡村旅游重点村”及“全省 100 家 3A 级乡村旅游示范村”，下川村被评为“山西省旅游扶贫示范村”。

（三）村民的幸福感和获得感不断增强

在云丘山景区旅游开发带动下，云丘山村由原来的贫困落后村一跃成为现在的小康村，村民人均年收入由原先的 1000 元达到了 2 万多元，村民彻底变成了产业工人、匠人、艺人、商人，实现了人人有班上，家家有轿车。塔尔坡古村还免费给原住村民提供商铺，教村民唱民歌、演婚俗、练武术、蒸花馍、开铁匠铺、做农家饭等，村民摇身一变成了“小老板”。此外，云丘山村还修建了 4 个老年日间照料中心，每年提供运行经费，专门用于 70 岁以上老人的三餐补助及其他娱乐活动支出，聘请专业厨师、护工为老人服务。每年为村里80岁以上的老人发放生活补贴及生活用品，使老年人老有所养、老有所依，能够安度幸福晚年。全民参与、全民共享，一个都不能少在云丘村得到了生动诠释，极大地增强了村民的幸福感和获得感。

图 2-3 云丘山旅游带动村民增收

四、经验启示

在实施乡村振兴的背景下，乡村产业融合发展对于实现乡村产业振兴和推进乡村振兴战略都具有重要的现实意义。目前，全省各地都在积极探索乡村产业融合发展的新模式，在强调农业发展的基础上，努力实现跨界别、多功能、多业态的横向和纵向联合，通过“农业+”不断提升农业的价值和实现农村产业形态的变化。云丘山村在发展乡村产业上，充分立足本村资源，以产业融合为路径，发掘农业新动能新价值，持续推进延链、补链、壮链、优链，在延长产业链、提升价值链、深化供应链、完善利益链上下功夫，大力实施“以企带村、强村促企、村企共赢”的村企融合发展模式，把企业发展和村民利益紧紧连接在一起，实现了村企共赢，村民受益，得到了村民极大支持。要充分借鉴云丘山村的发展经验，推动我省乡村产业快速发展。

（一）发挥龙头企业作用，全面盘活农村各类资源

实现乡村产业振兴需要发挥龙头企业的带动作用。乡村产业融合发展不论采用哪种模式，如果单靠农民自身力量显然是不够的，这时候通常需要企业的参与，龙头企业往往能够集聚更多的资金、技术、人才、信息等要素，具备了产业优势、品牌优势、渠道优势、人才优势，是引领乡村全面振兴和农业农村现代化的生力军，是带动乡村产业高质量发展、带动农民就业增收的重要力量。云丘山村采取“以企带村、强村促企、村企共赢”的村企融合发展模式，有效盘活农村各类资源，实现了乡村产业的快速发展。借鉴发展经验，要充分发挥龙头企业“链主”作用，在构建全产业链的过程中，实现有效配置发展要素，打通产业关键环节，不断催生新产业新业态新模式，开拓乡村产业发展新空间。同时也要充分发挥龙头企业的技术优势，加快研发投入和成果转化，促进乡村产业转型升级。

（二）注重人才培育引进，推进三位一体人才队伍建设

乡村产业的发展离不开人才的支撑。要大力构建推进乡村振兴的专业干部队伍，充分发挥其熟悉政策、把握政策，能够上接天线、下接地气的优势，大力宣传党的政策，指导当地实际，更好地将党的大政方针在基层落地生根、开花结果。尤其注重引进一批技术指导的专业干部，通过培训、传帮带等方式，给予乡村产业发展科技支撑。要注重有技能农民队伍的培育，大力培养有文化、懂技术、善经营、会管理的高素质农民队伍，积极提供其向其他先进农村地区学习的机会，鼓励农民“走出去”长知识提技能，加强“土专家”“田

秀才”等实用型人才培养力度，成为乡村振兴的带头人。要做好引进人才工作，制定关爱、培养、奖励政策，积极促进大学生返乡，退役军人、城市人才回乡，专业对口人才到乡村就业创业等，积极与科研中心、技术单位形成合作共建共营的紧密联系，助推乡村产业的发展。

（三）构建紧密利益联结机制，让农民分享产业融合红利

乡村产业融合发展，最终的目标是让农民增加收入。乡村产业的发展不能把农民排斥在外，在融合发展的过程中，企业以逐利为目的，农民往往处于弱势地位，缺少话语权，二者处于不对等地位。因此，在发展乡村产业过程中，我们要始终坚持把农民获得更多增值收益作为基本出发点，建立健全企业、项目与农户间紧密的利益联结机制，坚持利益联结、惠农富农，让农民更多分享产业融合发展的增值收益。云丘山村之所以能够快速致富，除了先天的自然条件和村党委的带动作用，另一个很重要的因素在于，在农村一二三产业融合发展的过程中，云丘山村很好地把握和处理了村民和企业之间的关系，将二者打造成统一的利益联结体，从而确保在乡村振兴的过程中，农民的利益不受损。

第五节　电商奏响乡村振兴最强音
——运城市临猗县

近年来，临猗县依托坚实的现代农业产业基础，重点打造以农业产业与电子商务深度融合为核心、以配套服务为支撑的“农业产业 + 电商销售 + 配套服务”平台，电子商务呈现“大步快跑”态势，不仅让临猗农产品 “卖得出”“卖得好”“卖得久”，为越来越多的“新农人”开启致富门路，也让农业经济“活了起来”“火了

起来”，蹚出一条行之有效的电商助力乡村振兴新路子，形成了农村电商助推乡村振兴的“临猗模式”，为临猗县经济高质量发展提供新动能。

一、基本情况

临猗县总面积1361.98平方千米，辖14个乡（镇）、272个行政村，48.3万人，耕地150万亩，是传统的农业大县，全县70%的土地种植果树，全县70%的人口从事果业生产，农民收入的70%来自果业。全县林果面积110万亩，年产各类水果50余亿斤，拥有保鲜冷库452个，各类水果货架期贯通全年，年出口水果占全省四分之一，是全国苹果二十强县、枣业十强县，支撑发展电子商务的产业基础优势明显。2019年被评为“全国电子商务进农村综合示范项目典型激励县”，2021年被评为“全国农业数字化百强县”，2022年被纳入“山西省乡村e镇培育县”。

二、主要做法

临猗县转变只重生产不重销售的观念，重点在推动农产品销售上下功夫，充分利用数字信息技术，积极探索网络电商销售新模式，促进农特产品从“种得好”不断向“卖得好”转变。

（一）前店后仓＋基地，开辟电商发展“新路径”

临猗县持续完善电商体系建设，通过不断探索、扶持培育和大力推广，形成了“前店后仓＋基地”的临猗电商特色模式，使得临猗电商新业态迅速连线成网，覆盖全县。涌现出一批以生鲜水果为主的电商市场主体，其中有御品一园、喜多鲜、绿丰源、咛咛商贸、百果旺、汇果康、鲜品果等典型电商龙头企业。全县连续三年电子商务销售额超20亿元，占全县水果总产量的30%以上，农产品电商快递物流的发货量占运城市发货总量的三分之一，全省十分之一，位居全省前列。

“前店”是依托临猗县 20 余家天猫店、50 余家拼多多店、1000 余家淘宝店，以及不计其数的社交电商和微商，通过各种网上销售渠道，把临猗县的水果农产品销售出去。“后仓”是依托临猗县的 1000 多家中转包装基地、452 家涉农冷库，集聚储藏了临猗县 150 多个林果品种，吸纳了周边省、市及不同地区的时令水果，使临猗县后仓优势特色明显，为此吸引了全国各大电商平台来临猗县组织货源。“基地”是依托 110 万亩的林果面积，1000 多家的水果专业合作社，介入水果种植源头，规范品质管理，保证“猗顿农品”品牌效应持续放大，有效地形成了“种植 + 仓储 + 销售”为一体的生鲜电商产业供应链。

（二）“电商培训 + 网红孵化 + 联盟”，构建县域 MCN 机构发展新模式

临猗县充分发挥电子商务进农村人才培训体系建设的作用，紧紧抓住电商网红直播带货、短视频带货、农产品电商流量扶持的新风口，加快培育临猗电商新引擎，提倡“手机成为新农具，直播成为新农活”，营造村村有网红、人人开直播的电商氛围，打造电商助推农产品的新模式。

围绕“临猗果品”的产业优势，临猗县加大对直播电商产业形态的培育与资金投入，全方位提升“临猗果品”产业数字化创业软环境，打造“猗顿农品”直播电商孵化集聚区，培育一批本地综合实力强、有发展前景的直播电商运营单位。成立当地电商网红联盟，吸引一批专业的外部 MCN 机构来临猗县投资，对接电商平台对电商新农人的流量扶持，打造全山西的水果类直播电商产业高地。2023 年，先后组织了电商新农人和商业带头人的两场培训，累计培训 1000 余人次，培训同时启动了网红联盟，有 65 名学员申请加入网红联盟，第一批筛选了 10 名网红学员进行重点孵化，目前网红联盟成员粉丝累

计 120 余万。通过培训一批、孵化一批、联盟一批的方式，逐步探索出临猗县的“电商培训 + 网红孵化 + 联盟”的县域 MCN 机构新模式。

图 2-4 临猗县现场直播带货

（三）“快快合作”，实现快递进村全覆盖

临猗县通过建设一个 4760 平方米的物流仓储分拣中心、14 个乡镇服务中心以及 272 个村级服务站点，构建相对完善的县乡村三级电商物流配送体系，实现了快递站点行政村全覆盖。

物流分拣中心配备有全自动智能分拣设备，通过整合县域内民营快递企业入驻物流中心开展统仓共配，实现统一卸载、统一分拣、统一配送、统一发货的物流快递配送服务，目前物流分拣中心已整合中通、申通、韵达、圆通 4 家快递企业入驻物流分拣中心。临猗县通过采取“快快合作”的方式，统一管理，统一运营，同时结合车辆定位系统整体指挥调度，不断优化物流配送线路，减少了物流车辆空跑、大车拉小货等问题，降低快递企业运营成本的同时，提高了快递从县到村的配送时效，保证物流快递可以 24 小时送达，更加充分地调动企业积极性，迸发市场活力，促进三级物流体系健康繁荣地发展。

三、经验启示

临猗县农村电商的快速发展，既离不开政府的高度重视和推动，也离不开农产品本身质量和品牌效应，以及农村电商人才和相对完善的县乡村三级物流体系的有力支撑。

（一）抓好农村电商人才的培育与引进

农村电商新业态发展需要大量既了解电子商务应用与技术，又精通农产品销售行业业务流程和发展规律的人才。近年来，临猗县和西北农林科技大学等院校开展合作，通过开办运城农业职业技术学院临猗班、设立临猗河东博士研究院等，进一步搭建平台，大力引进电商人才特别是高端电商人才，为电商发展做好人才储备和人才支撑。

（二）抓好农产品的质量和品牌的培育

农村电商快速发展离不开农产品的良好品质和品牌的培育。近年来，临猗县以提高产品质量为根本，引进大卫嘎啦、绯脆、秋映等国内外优良新品种，选用抗重茬矮化自根砧，实现了品种和砧木“双脱毒”，破解了老果园不能直接更新重茬栽培的难题。同时，该县把品牌建设作为推进农业高质量发展的重要举措，品牌影响力在市场竞争中愈发明显。临猗县先后发布了“猗顿农品”区域公用品牌，完成了“临猗苹果”马德里国际商标和“临猗鲜桃”“临猗冬枣”地理标志证明商标注册，开展的冬枣技术推广应用研究荣获全省科技进步二等奖，进一步叫响了临猗“特”“优”农业品牌，品牌估值达到 52.39 亿元。

（三）抓好县乡村三级物流体系建设

电商发展，物流先行。由于农产品存储保鲜难度大、运输时效性强，对物流要求较高，为此临猗县高度重视物流体系的建设和发展，前期支持通信企业加大网络建设力度，扶持物流企业在乡村设立快递代办点；后期集中力量加强物流基地、大型仓储设施建设，逐步构建相对完善的县乡村三级仓储物流网络，降低物流成本，为农村电子商务发展提供了良好条件。

第三章

生态宜居

中国特色社会主义乡村振兴是在新时代背景下提出的一项重大战略部署，其中“生态宜居”是内在要求，事关广大农村居民的生态福祉。本章选取了临汾和晋城生态宜居的典型案例，通过农村基层党建，多方力量参与，合力推进宜居宜业和美乡村发展，为生态宜居乡村的建设提供了实践依据。

第一节　概述

生态宜居，是乡村振兴的内在要求。习近平同志强调，“建设好生态宜居的美丽乡村，让广大农民在乡村振兴中有更多获得感、幸福感。”良好生态环境是农村的最大优势和宝贵财富，坚持人与自然和谐共生，走乡村绿色发展之路，守住生态保护“红线”，让良好生态成为乡村振兴的支撑点，是新时代打造生态宜居美丽乡村的总要求。

一、生态宜居是乡村振兴可持续发展的基础

近几十年来，我省经济得到快速发展，但是从历史发展经验中可以看出“一味追求经济发展，透支生态环境”是得不偿失的。在全面推进乡村振兴战略过程中也应牢记这一点，要从以过度消耗资源、破坏环境为代价的粗放型增长模式向以人为本、全面协调可持续的科学发展模式转变，从而构筑生态和谐的生产生活空间。一方面，生态宜居为乡村经济发展奠定良好基础。良好的生态环境是农村产业转型升级的要素之一，推进建设生态宜居乡村，可以为农村产业融合和招商引资奠定良好的基础。另一方面，生态宜居有利于推进城乡统筹发展。在生态宜居促进乡村经济良好发展的基础上，乡村的政治、文化、教育、卫生也会随之得到同步提升，以此吸引乡村在外务工人员、大学生等回流，从而推动乡村持续、健康、循环发展，

有利于缩小与城市之间的差距。可以说，只有在生态宜居的基础上才能进一步全面推进乡村振兴。

二、生态宜居建设面临诸多短板，可优化空间不断增大

目前，我省各地乡村建设取得了很大发展，但生态状况却仍然存在诸多问题和隐患。从乡村的基本条件来看，农村面源污染严重、基础设施落后、卫生系统不健全、村民生态意识薄弱是存在已久的问题。从宏观环境来看，由于农村生态系统薄弱、污染治理任务严峻、当地政府仍未找到经济发展和生态环保之间的良好平衡点等问题，导致我省乡村生态宜居的建设任重而道远。

三、多路径破解生态难题，打造生态宜居美丽乡村

目前我省很多地区在生态宜居乡村建设方面取得了巨大成就，并起到一定的引领示范作用，参照这些地方的成功经验，生态宜居可以从以下几方面努力。

注重保护：做好乡村生态宜居建设的整体谋划。在推进乡村生态宜居建设中，要因地制宜做好科学规划，坚持绿色发展与可持续发展的原则，把人居环境改善与生态环境保护结合起来，集中力量对一些有特色的乡村进行合理科学规划，将农村环境治理纳入规划之中，统筹考虑。一要保护山水田林塘等自然资源。要坚持“在保护中发展，在发展中保护”的原则，制定整体谋划，有计划有步骤地推进山体、河流、湿地、植被的保护，修复污染土地，恢复自然生态；二要保护和传承历史文化。要保护传承名镇名村的建筑形态、自然环境、传统风貌以及民俗风情，更好地将这些珍贵的历史文化遗产传承给后人，体现应有的乡村味道。

注重治理：提升乡村生态宜居建设的基础水平。提升乡村生态宜居基础设施建设水平和治理能力，是乡村生态宜居的迫切要求。一方面是加强乡村基础设施建设，要完善农村的水电气设施、电子

商务、污水处理设施、垃圾处理设施、厕所卫生设施、路灯、文体娱乐、医疗保健及养老场所等，改善居民生活条件，增强居民对生态宜居乡村建设的参与感；另一方面是提升乡村治理能力，要结合实际情况，建立政府主导、村民参与、社会支持的投入机制，通过发挥各类参与者的优势，达到资源有效配置、管理决策与监督不缺位，使污水垃圾、村道河道、供水等公用设施实现长效管护。

注重发展：塑造乡村生态宜居建设的绿色发展。在乡村生态宜居建设中，应以绿色发展理念为引领，依托自然优势发展特色产业，培育绿色发展新动能，探索形成“生态 +”复合型经济发展模式。一是发展“生态 + 工业”。要坚持产业导向、项目准入、节能减排的前置把关，发展壮大节能环保、清洁生产、清洁能源产业，鼓励企业实施技术改造，淘汰落后产能，降低资源消耗。二是发展“生态 + 农业”。要建立农产品质量保障与溯源体系，推广生态循环农业发展模式，着力打造安全优质农产品生产示范基地。三是发展“生态 + 旅游”。要突破传统产业边界，促进农旅要素融合，鼓励发展林果采摘等农家乐项目，推进文旅小镇等项目建设，实现乡村发展“含绿量”和“含金量”同步提升。

注重文明建设：提高乡村生态宜居建设的文明程度。乡村振兴的主体是村民，只有村民广泛参与，才能有效建设生态宜居乡村。一方面，要采取多样化、内容形式丰富的活动对村民进行宣传教育，树立村民环保理念，让村民意识到绿色循环发展的重要性，获得村民对生态宜居乡村建设的认同感。另一方面，要加强乡村人才队伍建设，夯实乡村环境治理的人才基础，发挥乡村振兴建设中科技人才的引领作用，推动先进环保技术运用于农业生产技术，打造生态振兴专业团队，同时提升人才下乡的保障措施，优化乡村医疗、教育条件等，吸引更多有志之士共同建设美丽乡村。

第二节 打造生态宜居新样板
绘就乡村振兴新画卷——襄汾县关村

近年来，襄汾县古城镇关村以乡村绿色发展、环境靓丽为主攻方向，加快补齐农村人居环境突出短板，加速推进农业绿色发展，加大生态保护与修复力度，乡村生态振兴取得良好的阶段性成果。

一、基本情况

关村是关公后裔聚居地，忠义文化传承村，距离襄汾县城 13 千米，位于古城镇政府西南 1 千米处、临夏线公路西侧，交通便利，地理位置优越。全村共有 3540 亩地，9 个村民小组，515 户居民、2200 人，62 名党员。

2014 年以前，关村环境卫生脏乱，集体经济薄弱。2014 年以后，

图 3-1 襄汾古城镇关村全貌

关村“两委”班子团结带领全体村民勠力同心、锐意进取，以加快基础设施建设为切入点，以村容整洁、生态良好、居住舒适、管理民主为目标，着力加强村容村貌建设，提升村民生活质量，在建设生态宜居的新农村的过程中不断实践探索，先后荣获“全国环境整治示范村”“全国乡村治理示范村”“国家森林乡村”“全国文明村”四项桂冠，成为临汾市乡村振兴生态宜居的先进典型。

二、主要做法

近年来，围绕“生态宜居”总体要求，关村以环境的大变化倒逼思想观念大变革，围绕破解群众“急难愁盼”各类问题，扎实推进乡村振兴各项工作。

（一）从解决群众最迫切的急难处抓起，按下生态宜居“起步键”

2014 年以前，关村大街小巷垃圾随处可见，全村曾经长达 4 个月断水断电，直接影响村民生产生活，呈现出一幅衰落景象。在古城镇党委和村内退休老党员的鼓励之下，在外创业成功的王晋刚怀着对家乡的深厚情感，义无反顾地撂下多年苦心经营的企业，返乡竞选村党支部书记，上任之后，他自掏腰包，结清了村里欠下的 3 万余元水电费。随后，支部书记王晋刚带领村“两委”成员坚持挨家挨户思想动员，取得群众的理解支持，村委会协调机械，“两委”班子成员出工出力，利用年前一个多月时间，清理了村内街道两侧的乱搭乱建、乱堆乱占现象，逐步改变了部分群众随时随地乱倒垃圾的习惯，先后拆除危房 20 余处。经过几个月的努力，关村人居环境为之一新。随着群众关心的吃水、用电、治乱等急难问题的解决，村“两委”凝聚起了民心，赢得了群众的信任和支持，生态宜居新关村的打造也由此起步。

（二）从办好群众最看得见的实事做起，按下生态宜居“基础键”

白天干净整洁、夜晚路灯敞亮，四季有花、处处显绿，这是一个适宜居住的村庄群众最能看得见的基础条件。关村“两委”持续发力为村民办好这些实事。

——对村环境卫生进行划片管理。村中长期有5名清洁员分片打扫全村主干道卫生，一名村委干部负责督导管理，每天上午、下午各打扫一次。实行生活垃圾不落地，每日集中运送到古城镇建设的垃圾中转站。同时，利用村内废弃沟渠修建了占地面积2600平方米左右的建筑垃圾填埋场，彻底消除了建筑垃圾随意堆放产生的安全隐患。

——邀请县林业局对全村5条主干街道进行高标准规划，整理绿化林带面积18648平方米，种植树木、花草24198苗株，规划了多彩路、常青路、云杉路、红叶路和樱花路，分别栽植红叶梨、冬青、云杉、樱花等绿化苗木；搭铁网300米，种植藤本月季1500株，形成春有花、夏有荫、秋有果、冬有绿园林式景观化搭配模式。

——投资近40万元，全面提升道路出行环境，实施村街亮化美化工程，在全村主要街道安装太阳能路灯100盏，彻底解决了村民夜里出行不便的难题；完成沥青路面铺油16000平方米，喷涂路标线3000米，极大地提高了村街道路品质。

这些基础条件的改善，为关村打造更高水平的生态宜居村庄奠定了基础。2015年7月，关村获得了“山西省美丽宜居示范村”和“山西省绿色村庄”的称号。

（三）从补齐制约幸福生活的关键短板干起，按下生态宜居“快进键”

与城市相比，农村生活污水处理、清洁取暖是目前最大的短板。

关村“两委”紧抓农村人居环境改善五年行动机遇，争取资金项目，着力补短板、强弱项，走在全省前列。

——建设污水处理设施。2016 年，全村开挖铺设污水管网 5000 余米，大街小巷全覆盖，家家户户都接入。在全县率先建成日处理生活污水 200 吨的污水处理站一座，处理后的污水达标排放，灌溉农田和树木花草。

——整村推进厕所革命。采取“通风改良 + 节水马桶 + 大三格化粪”的模式，将粪液统一收集到大三格化粪池，在除去臭味的同时还减少了蚊蝇，降低了粪便对水体的污染，粪水经化粪池无害化处理后，可作为有机肥用于农业生产，有效实现了粪污就地资源化利用。

——整村推进清洁取暖“煤改电”工程。2017 年关村争取投资 2000 余万元，进行了电力线路改造，为实施“煤改电”奠定了基础。党支部书记王晋刚亲自与生产“煤改电”空气能设备的企业董事长洽谈，降低了空气能设备的价格，为整村推进“煤改电”创造了条件。经过几个月的努力，安装纽恩泰空气能热源泵取暖设备 497 台，安装其他电采暖设备 18 户，入户率达 100%，实现了环保、温暖过冬，让全村人彻底告别了端煤倒灰、灰头土脸的日子，减少了污染排放和垃圾清运，在全省、全国树起了新标杆，受到了生态环境部、住建部、财政部、发改委等部门的高度肯定。

——提升农村基本公共服务水平。关村高标准实施农村公共浴室和公共理发室建设。公共浴室采用集成热水器，可快速生成热水，实现恒温出水，浴室还聘用了 2 名监管人员，从事卫生打扫工作等，同时保障洗浴人员的安全。特殊困难群体、低保户、孤寡老人以及 60 岁以上家里没有洗浴条件的老年人均可免费洗浴，解决了困难群众、弱势群体“洗浴难”的窘境。便民理发店每月 1 号发票，60 岁以上的老年人都可凭票免费理发。

——开启数字农村建设。2022 年，关村争取到“数字乡村”建设项目，将实施数字乡村智慧平台建设。建设产业服务平台，包括电子商务、劳务服务、产销对接、扶贫信息等模块；建设民生服务平台，包括惠农政策、便民服务、信贷服务、垃圾清运、户厕管护、我要办事等模块；建设治理服务平台，包括党建引领、乡村治理、三务公开、知识普及、民情上报、疫情防控、效能监察、公众监督等模块。推进数字乡村与智慧农业相结合，扩大农业产业管理的数字化应用，加快推广动植物生长感知、环境温湿度调控、土壤肥力和病虫害监测等智能设施装备，助力农业发展再上新台阶。推进数字乡村与土地托管相结合，通过智慧农业助力规模化土地托管，实现土地集约化经营，数字机械化耕作及现代化农业生产管理。

（四）从解决支撑乡村建设发展的资金问题做起，按下生态宜居“保障键”

乡村振兴，资金是保障。关村“两委”在工作推进中，一方面，从易到难，每年都确定项目，干在前、干在先、干出成绩，争取上级资金支持，实现滚动发展；另一方面，以看得见的工作成效，激发群众主动参与乡村建设的积极性，鼓励群众投工投劳，通过“一事一议”方式筹措配套资金。2014 年，关村在襄汾县“美丽乡村建设”评比中位列第一名，荣获以奖代补项目资金 150 万元，用于全村环境整治、园林村绿化、文体广场、日间照料中心建设。2016 年，荣获财政奖补“美丽乡村建设”资金 200 万元，用于新能源太阳能路灯安装、路面硬化和下水管道铺设；同时，捆绑环保资金 100 万，建成日处理 200 吨生活污水的村级污水处理站。2017 年，关村荣获“全国环境整治示范村”荣誉称号，财政奖补 100 万元，用于新建下水道和沥青路面铺设；2019 年，荣获“美丽乡村建设”项目资金 230 万元，用于全村路缘石铺设、绿化带拓宽和排水渠修建。

（五）从促进乡村振兴与可持续发展的内生动力着手，按下生态宜居“幸福键”

关村以环境卫生大变化撬动道德文明大变革，巧用各类传统节日加大社会主义核心价值观宣传，推动全村移风易俗，生态文明健康发展。每年正月初五，关村都举办“振兴关村”座谈会，在外工作人员和德高望重的乡贤人士畅所欲言，为关村的发展出谋划策；每年正月，关村都举办“全民春节运动会”，让村民远离赌博陋习，倡导文明过节新风；每年三月八日，关村都举行妇女节表彰大会，选出“最美好媳妇、最美好婆婆、最美女教师、最美环卫工”，将这些先进人物事迹制成版面，悬挂在环城路上，用榜样的力量影响村民的言行举止；每年的农历四月初八，关村都会举行关公民俗庆典活动，弘扬关公精神，传承忠义信勇；每年腊月初八，关村都举办“千人同喝一碗粥”活动，共忆乡愁叙乡情，凝心聚力谋发展。

此外，关村多次组织村“两委”干部、党员和村民代表外出考察，看产业、找出路、学经验、换“脑子”，寻求村民增收致富好产业。2016 年 9 月，关村采取“支部引领 + 公司运作 + 合作经营 + 农户参与”发展模式，投资 605 万元，流转土地 150 亩，建成高标准设施冬枣大棚 30 座，统一发包给合作社，由农户承包经营，带动群众年均增收 3 万元，使冬枣成为关村人增收致富的支柱产业。合作社冬枣产品获得了无公害农产品证书，注册了“忠义关村”商标，冬枣远销北京、天津、上海、广州、杭州等地。

三、经验启示

打造生态宜居的美丽乡村，是推进乡村振兴战略的重要一环，也是乡村生态保护的现实需要和城乡融合发展的内在需求。经过不断努力，关村人居环境发生巨变，一个生态良好、景观优美、设施完善、产业突出、人民幸福的生态宜居村庄“样本”初步形成。主要的经验是：

（一）生态宜居乡村建设，党的领导是根本

习近平总书记指出，要加强党对“三农”工作的全面领导。党的全面领导是推进乡村振兴的政治保障。推动党的基层组织建设，发挥好党组织作用，组织群众、宣传群众、凝聚群众、服务群众，方能夯实乡村振兴之基。关村之所以发生巨大变化，一是县、镇两级党委大胆选人、用人，发现并培育了王晋刚这样一个有情怀、有思想、有能力、能奉献的“领头羊”，带领全村党员干部群众心往一处想，劲往一处使，彻底改变了软弱涣散的落后面貌。二是各级各部门明思路、定方向、强规划、促发展，强化政策支持，统筹要素保障，稳步有序推进乡村发展、乡村建设、乡村治理重点工作，引领关村加快了乡村振兴的步伐。三是关村充分发挥党支部战斗堡垒作用和党员先锋模范作用，时刻把群众的冷暖放在心上、抓在手上，急群众所急、解群众之盼，扎实推进基层党建工作，引领发展、服务群众、凝聚人心。关村以建设“团结型、学习型、服务型、创新型、高效型、廉洁型”党支部为目标，开展“抓班子，实施整顿提升；抓队伍，实施带头人提升；抓阵地，实施场所提升；抓发展，实施集体经济提升；抓制度，实施保障提升”等工程，有效提升了党支部的服务能力和水平，在进一步美化乡村环境，丰富村民生活，提高村民的归属感和幸福感，推进美丽宜居乡村建设方面发挥了重要的战斗堡垒作用。

（二）生态宜居乡村建设，改善环境是前提

农村人居环境是村民的生活依托，是乡村振兴的基础，生态宜居的乡村建设要以优良的生活环境为前提。习近平总书记指出，要

继续完善农村公共基础设施，改善农村人居环境，重点做好垃圾污水治理、厕所革命、村容村貌提升，把乡村建设得更加美丽。2014 年以来，关村从拆除乱搭乱建、解决生活垃圾问题开始，持续推进基础设施建设和人居环境整治，经历了从易到难、从局部到全面、从不断缩小城乡之间差距到领跑乡村建设的全过程。农村人居环境整治是一个久久为功的过程，要巩固提升整治成效，必须坚持治理工作常态化、系统化、制度化。既要坚持问题导向，逐步解决群众关心的人居环境痛点难点，更要坚持群众视角，充分尊重群众意愿，发动群众热情参与。同时，要有效整合各方资源力量，建立起包括政府、村集体、村民以及相关各方在内的共谋、共建、共管、共评、共享的多元体制机制，因地制宜、精准施策，解决好垃圾处理、污水治理、卫生改厕、村庄绿化、村道硬化等突出问题，努力实现生态宜居乡村建设目标，让广大人民群众拥有更多获得感、幸福感。

（三）生态宜居乡村建设，和谐共生是关键

乡村最大的魅力在于与自然的和谐共生关系。关村在生态宜居乡村建设中，坚持尊重自然，让乡村聚落与自然生态和谐共生。在村庄道路建设、污水管网建设过程中，没有大拆大建，保留了千年的古槐、明清的老宅，村庄内部分街道的装饰利用鹅卵石、手工砖，就地取材，保留了乡村古色古香的风貌。街道两侧的绿化因地制宜，矮化树种、盆景等巧妙搭配，形成了人与自然和谐相处的布局形态。关村作为关公后裔的聚集地，把关公文化的弘扬也放在了重要位置，在村内绘制了关公“过五关斩六将”等壁画，开发出了“关村八大碗”等传统美食，最大限度实现历史保护与当代发展交相辉映。传统乡村作为人们世代居住的生产生活空间，在源远流长的传统技艺、民俗节庆、民间戏曲中蕴藏着朴实的生活智慧，是物质文化遗存和非

物质文化遗存有机融合的独特载体，因此要重视对历史文化名村和传统村落的保护挖掘，重视对乡村传统肌理、历史遗存、传统民居、乡风民俗以及乡村聚落与生态环境相融共生和谐关系的保护，重视对传统农业生产技艺、农村生活技艺的传承，努力做到系统性挖掘、全面性保护和真实性传承。

推动乡村建设绿色发展，需要深刻把握新发展阶段、贯彻新发展理念，需要在实践过程中发挥农民的主体作用，需要保持恒心和耐心，不断探索、实践符合中国特色的乡村建设绿色发展道路。通过全面推进生态宜居乡村建设，如今的关村已成为农民安居乐业的家园，一幅“各美其美、美美与共”的美丽关村新画卷正徐徐展现在三晋大地。

第三节　聚力“六化”亮举措
抓好“六乱”促振兴——临汾市安泽县

近年来，安泽县坚持将改善农村人居环境作为推动乡村振兴的切入口和着力点，深入开展好农村基础设施建设、农村“厕所革命”、农村生活污水治理、农村生活垃圾治理、特色风貌塑造等行动，不断提升乡村宜居宜业水平，农村环境面貌显著改善，基础设施逐步完善，农民群众幸福指数显著提升。

一、基本情况

安泽县地处山西省南部、太岳山东南麓，位于临汾、晋城、长治三市交界处，是临汾市的东大门。全县总面积 1967 平方千米，林地面积 224 万亩，森林覆盖率 51.1%，林木绿化率 75.7%，山西省第二大河——沁河纵贯全境 109 公里。全县下辖 6 镇 67 个行政村、1 个社区服务中心，总人口 7.5 万，是古代大思想家荀子的故里、中华千年古县、太岳革命老区，属省定贫困县，是全省第一批脱贫摘帽县。

近年来，安泽县始终坚持把农村人居环境整治作为乡村振兴的首要任务和“我为群众办实事”的具体实践，列入重要议事日程。特别是农村“六乱”整治专项行动开展以来，安泽县聚焦交通沿线、村庄街巷、农户庭院、田间地头等重点区域，以“六化”治“六乱”，农村生产生活条件明显改善，村容村貌明显提升，人民群众的获得感和幸福感明显增强。

二、主要做法

安泽县在农村“六乱”整治专项行动中，坚持以美丽宜居乡村建设为导向，全域推进，在全县以乡为战、以村为体、以户为基，对全县人居环境进行全面整治，取得了显著成效。

图 3-2　安泽县“六乱”整治后村庄道路

图 3-3 安泽县“六乱”整治后村庄风貌

（一）标准化定位，以高起点统领全局改善人居

安泽县立足打造“中国北方乡村旅游及康养旅游首选地、山西红色旅游及研学旅行必选地”这个目标定位，高起点统领“六乱”专项整治工作，高标准建设宜居宜游乡村。具体工作中，安泽县按照“标准村、示范村、特色村”三个标准分类，因地制宜、因村施策，大力实施拆违治乱、农村生活垃圾治理、农村生活污水治理、农村“厕所革命”、村容村貌、文明乡村创建等“六大提升行动”，达到“五有五无四实现”，着力打造干净整洁有序的美丽乡村。首先是标准村定标。把治“六乱”作为基准线和硬要求，为全县 6 个乡镇下拨农村人居环境整治专项经费，将 67 个行政村全部列为标准村，全面整治乱搭乱建、乱堆乱放、乱倒乱排等问题，全域营造干净整洁的乡村环境，实现“六乱”专项整治全覆盖。第二是示范村树标。在完成基本整治改造的基础上，选择基础条件好、群众意愿高的村庄，

图 3-4 安泽县“六乱”整治后村庄样貌

图 3-5 安泽县“六乱”整治后的村道

按照“缺什么补什么”的要求，因地制宜改造和完善村庄基础设施，进一步健全村庄公共服务，打造生产、生活、生态三位一体统筹推进的样板示范村。第三是特色村提标。在完成基本整治和完善设施服务的基础上，优选区位条件好、生态环境优、资源禀赋强、发展潜力大的村庄，着眼推动乡村产业振兴，发展特色产业，重点开展旧房风貌改造工程，致力增添乡村韵味，培育乡村旅游新业态。截至 2021 年，已成功打造小李、桑曲、飞岭等 9 个特色村，有效促进农民就业创业和增产增收。

（二）责任化落实，以高要求细化整治任务目标

安泽县成立了由县委书记、县长任双组长的“六乱”整治百日攻坚专项行动小组，全面压紧压实工作责任，实现了纵向到底、横向到边、责任到人的工作责任体系。一是县级领导全覆盖。全县 28 名县级领导对 67 个行政村的“六乱”整治工作挂牌督战全覆盖，县委、县政府主要领导亲自督导，县四套班子领导深入包联村实地指导，第一时间了解群众的想法，常态化督办整治进度，强力推进农村人居环境“六乱”整治工作。二是党政同责全覆盖。各镇全部成立了相应的工作机构，党政主要负责人是第一责任人，主要领导带头抓、分管领导牵头抓、包村领导亲自抓、支部书记具体抓，进一步明确了各村的工作量和重难点，细化工作任务清单，将任务层层分解，确保每项整治内容有人抓、有人管、有人落实。三是部门包村全覆盖。各驻村帮扶单位也把“六乱”整治百日攻坚专项行动作为帮扶工作的重要任务，充分发挥驻村工作队桥梁纽带作用，对帮扶村“六乱”整治的难点堵点问题，与村委合力攻坚，协力解决。

（三）项目化推进，以高效率实施确保工作质量

为加快推进“六乱”整治工作，安泽县把每项任务都具体化为一个项目，对每个项目都实行清单化管理、工程化调度，确保高速高效推进整治工作。一是突出“一河”主战场，实施沁河流域综合治理提升工程。在保持原有自然生态风貌的基础上，采用 PPP 模式，计划投资 8.4 亿元，完善沁河沿岸村庄基础设施、突出特色亮点、改造精品民宿，集中连片打造康养小镇，形成新兴商贸综合区，全面拉大城市框架。同时，规划建设沁河百公里骑行步道，将沿线 50 个

村、16 个景点“穿珠成串”，建设 500 个“太岳人家”，以点带面推动全县农村人居环境建设水平整体提升，推动研学旅行快速发展。二是坚持因村施策，推进农村“厕所革命”。安泽县始终高度重视农村改厕这个“关键小事”，按照“多学多看、先试后干、尊重民意、严格标准”的思路，稳扎稳打推进农村厕所改造。特别是在“厕所革命”问题摸排整改上，安泽县设立了专项资金，对已完成的 6800 座厕所进行全面摸排和“回头看”，坚持边摸边改、立整立改。同时对院外厕所严格拆除，有效确保了农村改厕的实用性和可持续性。三是创新土地修复，实施“两毛钱”工程。安泽县是玉米生产大县，近年来，随着除草剂等农药的广泛使用，加之部分群众环保意识欠缺，废弃农药瓶成为土壤、水环境的新污染源。对此，该县从 2018 年开始，率先在全省实施“两毛钱”回收农药瓶工程，大力推行“环保监督—镇级主管—村级回收”三级管理办法，构建起责任明晰、监管有力的机制，确保了该工程的可持续性。近几年来，共发放农药瓶补助资金 64.1 万元，回收农药瓶 163.38 万个，有效守护了一方青山绿水。

（四）区域化治理，以高质量打造提升发展品质

安泽县注重结合乡村旅游和民宿经济推进“六乱”整治，对全县重点区域进行划片分区，统筹治理，整体开发。一是彰显红色，以太岳革命旧址为中心打造研学教育片区。集中财力、物力、人力投入，重点打造了杜村、小李、桑曲、郭庄 4 个红色村，使红色更“靓”。在治理开发过程中，安泽县积极引进社会资本，把发展乡村旅游、民宿经济作为县煤焦企业转型的有益探索，实施整村打造、全面改造。目前由永鑫集团出资 3000 余万元打造的小李村研学培训基地、玉和泰煤业出资 1000 余万元打造的桑曲村特色民宿，已经初具规模，成效显现。二是彰显绿色，以县城沁河段为轴线打造山水康养片区。

聚焦“一年见成效、两年上品质、三年创一流”建设全省生态文明助推乡村振兴示范区的目标，安泽县以县城沁河段为轴，深挖沿线10个村的产业、文化与自然要素，因地制宜、突出特色，建设集休闲游乐、康养度假、田园生活于一体的生态活力景观带，争创山西首个乡村振兴连片示范村。三是彰显净色，以交通道路为网线打造乡土本色片区。以国省道路为主干，以县乡道路为枝节，对沿线所有村庄进行改造提升，实现交通沿线村庄安全隐患消除、环境干净整洁、绿化美化有序。目前，已整治沿路村庄垃圾2万余吨，拆除乱搭乱建7300余处，绿化美化3.8万余平方米。

（五）全民化参与，以高维度构建共治共享格局

加强乡村治理，激发群众参与的内生动力是关键。为此，安泽县从顶层设计的维度入手，建立健全“村民说事议事”和乡村星级积分管理制度，将农村“六乱”整治纳入其中，充分调动起农民群众参与的积极性。一是说事议事增加群众参与度。在农村“六乱”整治过程中，安泽县全面落实党支部引领、走访调研、群众参与、部门联动、四大班子督战等“说事议事”八项机制，实现了民事民议、民事民定、民事民办，解决了一批老百姓的烦心事、揪心事、操心事和闹心事，在全县形成了人人关注、人人参与、人人行动的浓厚氛围。目前，全县67个行政村通过“说事议事”平台，开展环境卫生类议题338次，其中农村“六乱”整治议题278次，有效提升了农村人居环境整治效果。二是星级积分增加群众获得感。2020年，安泽县组建工作专班，深入33个村历时2个月征求意见建议150余条，把“村规民约”“星级”和“积分”融合起来，出台“星级积分管理办法”（村规民约），特别是将农村人居环境“六乱”整治也纳入其中进行量化管理，设定安泽优品超市为县级兑换点，各村设村级授权店，以积分换商品，对群众进行精神鼓励和物质奖励，

形成了群众参与度高、运行效果好的乡村治理新模式，有效提升了群众获得感。三是宣传引导增加群众知晓率。充分发挥新闻媒体优势，大力宣传农村人居环境重大决策部署、政策举措、先进经验，通过开展星级积分户挂星、绿色庭院评选，引导广大村民从房前屋后做起，自己动手净化绿化美化家庭、院落和公共区域，从根本上改善农村生产生活环境。目前，全县6个镇67个行政村宣传发动2.4万户农民参与，累计印发宣传材料2.5万余份。四是建章立制增加群众自主性。在全县各村建立健全了农村环境卫生责任制，完善了门前“三包制”、街长制、路长制、段长制、巷长制等“微制度”，释放村民建、村民管“大效能”，让绿色健康生活理念化风成俗，推动村庄清洁实现长效化、常态化，切实增强群众自主性，推动乡村“善治”行稳致远。

三、经验启示

“六乱”整治是对交通沿线、村庄街巷、农户庭院、田间地头等重点区域的乱搭、乱建、乱堆、乱放、乱扔、乱倒等影响农村人居环境的突出问题进行整治。改善农村人居环境、建设美丽乡村、实现生态宜居乡村建设是实施乡村振兴战略的一项重要任务。农村人居环境“六乱”整治专项行动开展以来，安泽县各乡村环境由“乱”到治、因治而美已成一种常态。主要的经验是：

（一）因地制宜，分类施策

脱贫攻坚取得胜利后，随着乡村振兴战略的全面推进，各地在农村地区人居环境的治理过程中，诸如“一刀切”和“千村一貌”的现象很普遍。一些地方政府在不了解当地情况的情况下，采取了极端方式，造成了人力、物力和财力的浪费，这对农村人居环境的治理造成了双重打击，既降低了农民的积极性，又阻碍了治理工作的顺利进行。而各地农村发展状况不同，所面临的农村环境也不尽相同，在治理过程中应遵循地方实际确定治理的对策，坚持具体问题具体分析。在本案例中，安泽县坚持因地制宜、因村施策，将下辖村根据实际情况划分为“标准村、示范村、特色村”三种类型，给标准村定标，设置基准线和硬要求；给示范村树标，按照“缺什么补什么”的要求建设样板示范村；给特色村提标，凸显村庄特色和亮点，培育乡村旅游新业态，有效推动农村人居环境“六乱”整治的顺利进行。所以在人居环境治理的过程中，不可机械复刻某一地方的治理模式，村庄和村庄之间在地理环境、乡村文化、经济发展、产业结构和基础设施等方面存在复杂的差异，宜居乡村的治理还需要根据具体村庄具体施行，一方面坚持标准化建设，提升建设品质，构建框架完整、动态灵活、有机配套的标准体系，规范建设的质量、流程和责任，让美丽乡村建设在具体实施中能够更加完善、更加科学、更加合理；另一方面，坚持特色化发展，根据各村不同的资源禀赋、人文特色、区位条件等，因地制宜，注重“一村一景”“一村一韵”的村庄特色和亮点的凸显，避免“千村一面”的发生。

（二）尊重农民的主体地位

农民是农村生产力的主体，是农村发展的主要力量。认清与尊重农民的主体地位，将乡村振兴变为农民的自身运动，才能为农村发展提供有效动力，并保持农村发展的长期活力。安泽县之所以能在农村人居环境“六乱”整治中取得良好成效，很大程度上在于很好地发挥了广大农民自身的力量，给予农民治理过程中的权利主体地位。安泽县通过将农村“六乱”整治纳入“村民说事议事”和乡村星级积分管理制度中，有效调动农民群众参与的积极性，通过宣传引导和建章立制进一步增加群众的知晓度和自主性，在整治过程中“内外兼修”，充分激发农民群众的内生动力，有力推动“六乱”整治顺利进行。因此，农村人居环境的根本性变革归根到底来说都是要依靠农民自身。只有在治理过程中坚持尊重村民的主体地位，不把上级命令强加于村民身上，将人居环境的改善内化为村民的自觉行为，才能够将农民的创造力和积极性充分激发出来，从根本上为农村人居环境治理提供源源不断的动力。为此，各级政府部门在农村改革中应深入农村，知民情、察民意、解难题，真正了解、发动和引导农民参与到农村综合改革中来。同时，加强宣传教育力度，引导农民解放思想，用科学知识武装自己，学习先进的生产生活理念，大力提高农民的综合素质。坚持由民作主、尊重民意、维护民利的原则，实现、维护、发展农民的根本利益，不断增强人民的获得感和幸福感，共享发展成果。

（三）创新和完善乡村治理机制

乡村治理有效是实现乡村全面振兴、满足农民群众美好生活需要的必然要求。创新和完善乡村治理体制机制，夯实乡村振兴根基，才能构建共建共治共享的乡村治理新格局。安泽县立足“建机制、管长效”，建立健全了队伍保障、资金保障等多项农村人居环境整治工作机制。一方面，全面压紧压实工作责任，实现纵向到底、横向到边、责任到人的工作责任体系；另一方面，坚持项目化推进、区域化治理，推进土地修复项目，集中人力、物力、财力打造研学教育片区、山水康养片区等。经过努力，全县农村人居环境整治成效明显，农村环境得到整体提升。因此，建立健全乡村治理机制，不断完善乡村治理体系、提升乡村治理能力，必须坚持问题导向，找准乡村治理现代化的实现路径。一要建立示范带动机制。要以美丽乡村建设为平台，以农村综合环境整治为重点，集中打造一批符合省级、市级、县级标准的生态村、示范村，辐射带动各村开展环境整治工作；要深入挖掘农村生活内涵和文化传承，加大传统村落和历史文化名村保护力度。二要建立长效管理机制。要立足实际，既要在项目建设期努力保证建设资金投入，更要在项目建成后维持运营费用的保障上形成长效机制。要积极探索建立一系列符合各地实际的制度机制，实现农村人居环境提升工作长效化。三要完善考核推进机制。适当加大考核比重，强化考核结果运用，引导各村各部门牢固树立重视农村人居环境整治工作的思想认识和责任意识；通过定期召开流动现场会、公开通报、以奖促治等方式，鼓励先进，鞭策后进，督促各部门、村进一步抓好农村人居环境整治工作。

生态宜居乡村建设，功在当代，利在千秋。呵护生态“颜值”，提升经济“含绿量”，安泽县多管齐下扩展“绿水青山”和“金山银山”双向转化的渠道，让绿水青山“底色”更亮，金山银山“成色”更足，在全方位推动高质量发展中铿锵前行。

第四节　让绿水青山更美
让金山银山更大——晋城市沁水县

近年来，沁水始终坚持“绿水青山就是金山银山”理念，高度重视生态文明建设，坚持绿色发展，自 2019 年成功创建“国家生态文明建设示范县”以来，将“两山”基地建设作为重要抓手，深入挖掘生态环境优势，结合良好的人文历史、人居环境，坚持走出一条生态产业化、产业生态化之路。

一、基本情况

沁水县位于山西省南部、晋城市西北部，地处太行、太岳、中条三大山系衔接处，因百里沁河而得名，因人民作家赵树理而闻名。全县总面积 2676 平方千米，含煤面积 2421.9 平方千米，占县域面积的 90.5%，探明煤炭储量 121 亿吨，是全国重要的优质无烟煤生

图 3-6　杏则村“徒步文旅小镇”鸟瞰图

产基地。全县耕地面积 49 万亩，常住人口 19.6 万人，下辖 12 个乡镇、182 个行政村（社区）。县城距省会太原 380 千米，距晋城市 80 千米，晋侯、高沁高速穿越全境，交通便捷。

长期以来，沁水的优势是资源，短板是生态。近年来，通过生态文明建设，狠抓国家生态文明建设示范县和“两山理论”实践创新基地创建，实现了短板变优势的转化。依托联合国教科文组织命名的“千年古县”、旧石器时代晚期的下川遗址、“三都古城”湘峪古堡、柳宗元后裔隐居地、人民作家赵树理、北方山水画派“鼻祖”荆浩、散曲家常伦等厚重的历史文化，以及 48.6% 的森林覆盖率、68.5% 的林草覆盖率，赢得“国家园林县城”“国家卫生县城”“全国文明城市”称号，沁水县“两山”转化取得了较好的成效。

二、主要做法

沁水县委、县政府始终坚持“绿水青山就是金山银山”的理念，高度重视生态文明建设，坚持绿色发展。自 2019 年成功创建“国家生态文明建设示范县”以来，将“两山理论实践创新基地建设”作为重要抓手，结合良好的人文历史、人居环境，坚持走生态产业化、产业生态化之路，重转化、重实际、重实践、重效果。

（一）高标准起步，守好“生态底线”

沁水县坚持底线思维，高标准创新思路办法、体制机制和政策支持，筑牢生态屏障。一是完成生物多样性保护与建设规划、绿地系统规划、生态功能区划工作。编制了《沁水县“绿水青山就是金山银山”实践创新基地建设实施方案》，提出五大重点任务和九大重点工程，明确资源概况、总体思路、重点任务、保障措施及探索实践，为“两山论”落地沁水提供了根本遵循。二是以打好打赢污染防治攻坚战为目标，坚持“党政同责、一岗双责”，实行目标考核、量化奖惩，建立了科学的干部考核指标体系和绿色 GDP 指标体系。全面推行河长制、林长制，深入开展自然资产离任审计和生态环境损害责任追究工作，倒逼环保工作过硬过实，环境信息公开率达 100%。三是在项目上马、产业规划等方面严把环保准入关。建设零碳乡村清洁能源综合示范项目，助力“双碳”目标和乡村振兴。推进减煤、降尘、管车、控油、治烟五管齐下，统筹推进“五水共治”，实施水源涵养能力提升、生态系统保护修复、沁河流域生态保护与修复三项工程，攻克煤矸石等固体废弃物治理难题，运用网格化、信息化、数字化等手段，实现了生态环境质量的大幅提高。2018 年以来，全县环境空气质量连续四年位居全省前十。水环境质量连年稳居全市第一，国控、省控、市控地表水断面全面达标，集中式饮用水源地水质达标率 100%。

（二）高格调治理，刷亮“生态颜值”

以改善农村人居环境和沁河水质为目标，实施了沁河沿线农村人居环境“六乱”整治工作和农村污水治理工程。一是扎实推进农村人居环境“六乱”整治。充分以绿化、美化、净化、硬化、亮化为重点，适时启动农村环境整治提升五年行动，实施农村人居环境“六乱”整治工作，建立“户分类、村收集、乡转运、县处理”的垃圾处理运转机制，开展拆违治乱、垃圾治理、污水治理、厕所治理工作。示范引领、先易后难、分步实施，推动国道、省道、县乡主干道等沿线环境明显改善，182 个行政村（社区）环境整体提档升级。二是统筹推进治污水、减排水、保供水工作。树立“加强沁河管理保护，促进人水和谐发展”理念，坚持以沁河流域周边村庄生活污水治理为突破口，示范带动全县农村生活污水治理项目。构建“沁水县农村生活污水治理协调指挥部 + 项目公司”运行模式，成立县、乡（镇）、村三级工作专班，将农村污水治理纳入乡镇“三农”工作专项考核中；整合有利资源，强化政策和资金保障，鼓励引导社会力量参与。沁水县以“关键面”为切入点，全面完成入河排污口治理工作，建成县城第三水厂，开工建设第二污水处理厂、嘉峰污水处理厂等一批大型污水处理厂，进一步打造山清水秀、天蓝地绿、村美人和、宜居宜业宜游的美丽乡村。

（二）高质量突破，端牢“生态饭碗”

近年来，沁水围绕“绿”字做文章，创造性转变绿色经济发展方式，积极探索生态产业化、产业生态化发展路径。一是强力打造龙头企业。沁水县充分发挥农投引领作用，逐步完善“公司 + 基地 + 农户”运行模式，壮大龙头企业，建立了 1 个省级、3 个市级现代农业产业园。以“沁水蜂蜜”为龙头，建成中国蜜蜂博物馆（山西馆）；以中村香菇、土沃银耳为龙头，做优食用菌品牌；以连翘、杜仲、紫苏等中药材产业为基础，做大药茶品牌。形成圣康等一批极具潜力、带动力强的农业龙头企业，拉动全域经济加速发展。二是坚定实施“特”“优”战略。沁水县坚持在“特”字上努力，“绿”字上突破，形成十里八香药茶、沁水黄小米等名优产品，全国驰名优质蜜源基地和全省中药材重要产地。截至目前，取得27个绿色食品认证、1个有机认证、12个无公害农产品认证、4个地理标志认证。新建龙港食用菌深加工项目、固县乡春晖智能化出菇基地、梁庄乡村物流园区，进一步延长产业链条、提升产品附加值，农村经纪人队伍和流通中介组织等农业内部服务业得到了长足发展。三是创新产业发展模式。采用林药、林菌模式，种植油用牡丹、紫苏、杜仲、食用菌等特色产业，建成生物防火隔离带，探索出“油用牡丹+”“文冠果+”十多种混交造林模式，林下经济发展势头劲；大田种植紫苏、菊花、连翘、柴胡、黄芩、丹参等中药材面积累计达11万亩，建设了十里乡连翘产业园、端氏镇杜仲现代产业园、柿庄镇紫苏现代农业产业园，登记注册药茶企业4家。

（四）高水平融合，培育“生态产业”

农林文旅康产业融合发展是产业转型、全面推进乡村振兴的重要抓手。近年来，沁水县高起点布局文化旅游产业，深入开展农林文旅康产业融合发展。2019年—2021年，沁水县利用三年时间打造了“百里画廊”“沁河流域”“沁河古堡”“历山景区”“县城近郊”“东部四乡”六大农旅片区。在“两山”转化探索中，沁水县以“全国知名山岳旅游地、国家级生态研学地、国家级森林康养旅游地”为目标，积极探索以农林文旅康养产业运营为支撑，以生态环境为导向的EOD开发模式和EPC+投资的运营模式，以区域综合开发为载体，采取产业链延伸、联合经营、组合开发等方式，将生态环境治理与资源、产业开发有效融合为“两山”转化大景区带动模式，倾力打造了太行洪谷大景区。目前，亲子乐园，上千亩连翘、油菜花观光园，油用牡丹园区，香菇、蜂蜜现代农业产业园，南阳红色文化、柳氏家风文化、赵树理文化展馆，三文鱼养殖场，卧龙山庄……一大批集餐饮、住宿、娱乐、旅游于一体的休闲农业和乡村旅游区纷纷建立起来。以美丽宜居村庄为牵引，大批游客纷至沓来，乡村美、产业兴、农民富成为良性循环。

随着乡村振兴战略和生态文明建设工作的深入推进，沁水县大气质量稳步提升，污染耕地和污染地块数量始终为“0”，高标准农田和机耕田比例持续增加，地表水、地下水、饮水等指标达标率稳定在100%。借助国家园林县城、国家卫生县城、全国文明城市等国字号称号申报的东风，依托绿地公园、绿色走廊星罗棋布，现代建筑与山水园林相互交融的美好环境，沁水县充分发挥“千年古县”历史文化底蕴，大力发展生态农业及生态加工业、文化旅游、康养等生态产业，先后实施了“百里画廊”“百里沁河风光带”“百里沁河经济带”“太行一号环线乡村振兴示范带”等一批重大牵引性项目，有力推动了“绿水青山”加速向“金山银山”转化，以生态产品价值实现为导向的生态产业化和产业生态化发展模式基本成型。

三、经验启示

实施乡村振兴战略，一个重要任务就是推行绿色发展方式和生活方式，让生态美起来、环境靓起来，把农村打造成安居乐业的美丽家园，让良好生态成为乡村振兴的支撑点。“绿水青山就是金山银山。”推进乡村振兴就要立足当地生态禀赋、顺应自然本色，推进乡村产业生态化和生态产业化，挖掘乡村的生态潜力，激活发展的生态价值。

以产业生态化奠定乡村振兴“绿色底蕴”。优质生态环境是乡村振兴的最大优势和宝贵财富。保护生态环境就是保护生产力，改善生态环境就是发展生产力。只有坚持正确的发展理念和发展方式，才可以实现百姓富、生态美的有机统一。产业生态化是遵循自然生态有机循环机理，以自然系统承载能力为准绳，对区域内产业系统、自然系统和社会系统进行统筹优化，通过改进生产方式、优化产业结构、转变消费方式等途径，加快推动绿色低碳发展，持续提高环境质量，提升生态系统质量和稳定性，全面提高资源利用效率，促进人与自然和谐共生。沁水县加快摆脱资源依赖，更加注重产业发展和生态保护的辩证关系，改造传统动能、培育新型动能，创造性转变绿色经济发展方式，大力实施“特”“优”农业战略，创新产业发展模式，采用林药、林菌模式建成生物防火隔离带，探索发展“油用牡丹＋”“文冠果＋”等混交造林模式，积极探索产业生态化发展路径。绿色化、生态化的乡村产业是实现乡村振兴的有效途径，是乡村产业延伸产业链、打造供应链、提升价值链的必然选择。要摒弃以往单纯依靠过度消耗农村农业资源的发展方式，按照“绿色、循环、低碳”产业发展要求，利用先进生态技术，培育发展资源利用率高、生态效益好的产业，促进产业绿色化发展。

以生态产业化打造乡村振兴“绿色银行”。经济发展不应是对资源和生态的竭泽而渔，生态环境保护也不应是舍弃经济发展的缘木求鱼，而是要坚持在发展中保护、在保护中发展，实现经济社会发展与人口、资源、环境相协调。生态产业化是指按照产业化规律推动生态建设，按照社会化大生产、市场化经营的方式提供生态产品和服务，推动生态要素向生产要素、生态财富向物质财富转变，促进生态与经济良性循环发展。其实质是针对独特的资源禀赋和生态环境条件，通过建立生态建设与经济发展之间良性循环的机制，实现生态资源的保值增值，把绿水青山变成金山银山。沁水县依托优质的生态资源和“太行一号”旅游公路建设的契机，结合农村人居环境整治成效，深入推进农林文旅康产业融合发展。依托历山、舜王坪、张峰水库、示范牧场、太行洪谷、三都古城等，狠抓生态农业、生态旅游业发展，形成了山上有林、坡上有果、棚里有菜、湖里有鱼、空中有蜂的生态农业和“西山、北湖、东古堡”的生态旅游大格局。端氏商贸重镇、嘉峰工业强镇、中村旅游名镇、下川旅游小镇等康养小镇多点开花，“百里画廊”“百里沁河风光带”内涵丰富。太行洪谷大景区通过引入医养、观星、保健、度假等康养业态，打造森林康养基地。推动生态产业化发展，关键是要立足生态优势，更好发挥市场作用，持续把“生态 +”理念融入产业发展之中，因地制宜选准绿色产业发展方向，多措并举促进生态产品价值实现，切实将生态优势转变成为经济优势和发展优势。通过生态产业化，实现自然资源不断增值，使土地生出“金元宝”、山间长出“摇钱树”、乡村变成“聚宝盆”。

产业生态化与生态产业化相辅相成、和谐共赢。乡村振兴中，生态保护与产业发展是密不可分的，没有生态资源作为依托，产业发展就是无源之水；没有产业发展作为支撑，生态保护也难以持久。推进乡村振兴就要把产业发展和乡村环境的改善统筹在一起考虑，实现新的融合发展。一方面，实现产业生态化能够把对自然资源和生物多样性的破坏降到最低，另一方面，实现生态产业化能够带动环境保护、水资源保护、土壤改良等产业的发展，形成农村生态环境改善的良性循环。

“两山理论”在沁水的实践，不仅可以破解沁水资源依赖现状，也有力地推动了全县经济高质量、高速度发展。沁水县以习近平总书记提出的“两山论”为指导，秉持新发展理念、构建新发展格局，深入挖掘生态环境优势，结合良好的人文历史、人居环境，坚持走生态产业化、产业生态化之路，推动沁水全方位高质量发展，唱响了乡村振兴全面发展的绿色赞歌。

专栏　沁水县重点康养特色村融合发展模式

1.南阳村以爱国主义教育和革命传统教育为主题，结合历史沉淀和生态环境以及农林投资的产业定位，打造了以红色文化为内核，以军事文化、历史遗产、休闲康养、绿色生活为外延的“农林文旅康”“红色+”旅游小镇“两山”转化模式。

2.下沃泉村通过大力整治人居环境，探索“四块地”改革，统一回收修缮旧宅基地，改造建设民俗村、工匠坊，利用林权抵押，建设“古村文化”研学和亲子乐园拓展基地，走出了一个旧村换新颜的乡村旅游开发“两山”转化模式。

3.杏则村通过开展垃圾处理、农村厕所和村容村貌“三场革命”，探索“四块地”改革，依托优质的生态资源和“太行一号”旅游公路建设，引进专业旅游开发公司，走出了一条“徒步康养生活+”的产业融合发展乡村振兴之路。

4.冯村依托素有“华北名山”“藏经第一山”美誉的鹿台山，借助秀丽的自然景观和深厚的历史人文景观，以“国学、佛学、康养”为主题，开发茶马古道文化业态，实施植被绿化、停车场、供电、供暖等配套工程，活化利用现有资源禀赋，走出了一条“国学康养+”产业融合发展模式。

第五节　做足“绿”字文章
推动资源型县域转型——长治市沁源县

绿水青山，是沁源县最亮的名片，也是最大的资源。近年来，沁源县紧紧抓住中央和省、市绿色发展、转型发展、能源革命等利好政策，以“绿色立县，建设美丽沁源”发展战略为引领，把生态优势进一步转变为“生态福利”“民生福祉”，为农民增收、乡村振兴开辟了康庄之路，为产业升级、转型发展蹚出光明之路，绿色经济成为高质量发展原动力。

一、基本情况

沁源县位于山西省中南部、长治市西北部，地处太岳山东麓，为长治、临汾和晋中三市交会之地。总面积 2549 平方千米，总人口

14.9 万人。长期以来，沁源注重发展煤矿产业，产业结构单一，非煤产业发展严重不足，抗风险能力相对较弱。近年来，沁源县委、县政府将绿色生态资源优势转化为发展优势，率先蹚出了一条生态优先、绿色发展的高质量转型发展新路，先后荣获“中国最具投资潜力中小城市百强县”“中国深呼吸小城 100 佳”“中国生态魅力县”“全国森林旅游示范县”“国家森林康养基地建设试点县”“全国林下经济示范县”“中国避暑休闲百佳县”“全国脱贫攻坚优秀城市”“全国品牌农业示范县”“中国乡村振兴示范县”“全国文化先进县”“全国森林康养基地试点县”等称号。

二、主要做法

沁源是山西乃至全国重要的产煤县，矿产资源丰富是其主要特征之一，煤炭产业产值已占到沁源经济总量的 90% 左右。丰富的矿物资源在拉动经济发展的同时，也导致沁源长期以来更加注重煤矿产业而忽视县域整体高质量发展。2017 年下半年新一任县委领导班子上任后，立足实际，准确分析研判当前和未来发展重点、难点，通过对引发问题的根本原因、解决问题的关键因素进行深入研讨，找

图 3-7　沁源县农文旅融合项目丹雀小镇

准切入点，率先从转变思想观念入手，在2018年初确立了建设“绿色沁源、康养沁源、文化沁源、幸福沁源、美丽沁源”的发展目标，以绿色发展的理念来引领推动高质量发展。

（一）战略导向转型，完善顶层设计

“方向决定道路，道路决定命运”。自2018年脱贫摘帽以来，沁源县委、县政府就着力破解资源型地区“兴于煤、困于煤”的困境，连续三年出台一号文件，以“蹚”的勇气、“立”的谋略，作出转型发展的“顶层设计”。

第一步，2018年1月，提出了“绿色立县建设美丽沁源”的发展战略，明确提出绿色立县，进一步明确了“转型、增绿、开放、强基、富民”五大发展思路，“修路、种树、治水、兴文、尚旅”五大发展路径，以及“绿色沁源、康养沁源、文化沁源、幸福沁源、美丽沁源”五大发展目标。

第二步，2019年1月，出台了《加快把文化旅游产业培育成战略性支柱产业的决定》，深入挖掘沁源县文化资源，发展战略性新兴产业。依托绿水青山，突出文旅兴县的重要地位，确立了“一核心、四龙头”（一核心是指核心城区，四龙头是指康养避暑体验、山水秘境休闲、滨水运动康养、红色文化体验）的发展思路，努力建设“全域旅游大乐园、全域康养大田园、全域度假大游园、全域美丽大花园、全域友善大家园”。

第三步，2020年1月，出台了《依托丰富的红色文化资源和绿色生态资源振兴乡村的决定》，切实发挥沁源“红色”革命老区和“绿色”生态之城的资源禀赋，加快文旅融合发展，促进乡村振兴。一方面，传承保护与发展红色文化资源，打造“太岳首府、英雄沁源”红色品牌；另一方面，保护开发绿色生态资源，扮靓“世外桃源、山西沁源”绿色名片。通过“红绿”交融，发展乡村旅游，变资源禀赋为产业优势，激活“美丽经济”，助力乡村振兴。

（二）产业结构转型，转换发展动能

沁源把发展特色种养、农产品加工和文旅产业作为转型的主导产业，深化供给侧结构性改革，大力发展绿色产业、特色经济，不断优化全县种植业结构，扩大中药材、食用菌等经济作物种植面积和特色养殖规模，努力将生态优势转变成“生态福利”“民生福祉”。

一是聚焦“特”“优”，发展特色产业。沁源将发展道地中药材作为全县脱贫攻坚、乡村振兴的主导产业之一，制订了《中药材十年发展规划》和《中药材种植标准规程》，确定主要发展党参、苦参、黄芪、黄芩、柴胡、连翘、菊花7种药材，并培养出了一大批“中药材大王”、技术骨干和本土专家。同时，围绕省委、省政府提出的“农产品精深加工十大产业集群”，以打造“山西药茶”为中国第七大茶系为契机，与振东制药、山西中药材集团等知名企业达成战略框架合作协议，研发药茶系列产品。

二是出台系列强农惠农富农政策，推动特色产业做大做强。先后印发《沁源县2020—2022年特色农业产业发展行动方案》《沁源县发展特色农产业奖补办法》《关于对中药材和规模蔬菜实行种植业保险的通知》等政策文件，采取“多方参与、共同受益”的模式，充分调动广大群众发展特色产业的积极性，努力拓宽农民增收致富渠道。

三是以“一区六基地”为抓手，大力发展有机旱作农业。以创建有机旱作农业示范县为目标，培育道地中药材和太岳山马铃薯种薯繁育两大主导产业，以“一区六基地”（道地中药材种植优势区，中药材标准化种植基地，中药材标准化育苗基地，有机旱作农业示范基地，太岳山马铃薯种子繁育基地，马铃薯水肥一体机械化种植高产基地和道地中药材收购、仓储基地）建设为载体，推动特色产业发展。

四是聚力林下经济，发展生态循环农业。不断巩固扩大“林下经济种植示范县”成果，大力发展林药、林菌、林禽、林牧等林下经济。种植连翘、柴胡、丹参、黄芩、黄芪等林下中药材，培育黑木耳、羊肚菌、松茸、蕨菜、卷耳等林下经济种植作物，建设黑山羊能繁母羊基地、林麝驯养繁育基地和中蜂养殖示范场。

五是加快文旅融合，推动产业转型高质量突破。构建“全域旅游＋全域度假＋全域康养”格局，全力推动文化旅游资源大县向文化旅游产业强县转变。制定出台了《鼓励旅游民宿发展的十条措施》，打造池上宿集、隐居乡里旅游精品民宿项目，建设灵空山康养小镇、闫寨村“水漾年华”、丹雀小镇等一大批田园综合体和文旅示范项目，全力叫响“太岳首府、英雄沁源”红色文化品牌和“夏住沁之源、冬享民俗年”旅游品牌。

（三）发展方式转型，扩大生态优势

沁源将绿色思维、绿色意识、绿色行动、绿色精神融入城乡发展的各个领域和全过程，围绕“绿”字进行了全局性、系统化、全方位转型，从思路、方法上设计出了“绿水青山”变成“金山银山”的路径和渠道，坚持开发与保护并重，使良好的生态成为高质量转型发展的增长点，实现了资源环境的绿色转化。

一是加强生态文明建设，保护绿水青山。近年来沁源把生态保护与发展放在最突出的位置，大规模绿化、大投入建设、大力气整治、大力度保护，绿色已成为沁源发展最美的底色。2019 年印发了《沁源县全面推行林长制实施方案》，在全省率先健全了县、乡、村三级林长责任制体系。持续推进河长制，实施农村饮水安全巩固提升工程，加强沁河源头生态保护，实施紫红河上游水源涵养区生态修复和龙凤河上游植被恢复工程，构建沿沁河水生态系统，打造“百里沁河生态绿廊”。此外，先后成立了观鸟协会，褐马鸡保护研究中心、专家工作站，亚高山草甸生态保护修复博士工作站，实施褐马鸡分布综合科学考察等项目，努力将沁源打造成名副其实的绿色家园和野生动物天堂。

二是形成垃圾分类处置的“8365 沁源模式”。沁源探索垃圾分类创新化、信息化、智能化路径，出台《沁源县生活垃圾分类处理与循环利用实施方案》，成立“生态红崖绿谷”垃圾分类与循环利用中心，将农村生活垃圾处理纳入全县垃圾处理体系。先后建设了餐厨垃圾处理中心、生活垃圾分拣中心、塑料颗粒加工中心等八大终端分类处置设施，形成了餐厨垃圾收集、分类垃圾收运、乡镇垃圾转运的三环封闭收运，实施了与浙江波普等社会方的六线合作运营，打造了县主导、乡指导、村督导、组引导、户倡导的五级联动，最终实现了县城垃圾从简单填埋到资源循环利用的跨越式发展。

三、经验启示

“绿水青山就是金山银山”，沁源依托“绿色立县、建设美丽沁源”发展战略，力促转型、走出困局，找到了一条不依赖煤炭的、符合沁源特色的高质量发展之路，为其他资源型城市转型提供了行之有效的发展经验。

（一）要深化思想认识，引领绿色发展

贯彻新发展理念是各级各地当前推进改革发展工作的重要依据。当前，很多地方在工作推进中还存在不同程度的为了贯彻而贯彻的行为逻辑，以致虽在实践层面有很多推动创新发展、协调发展、绿色发展、开放发展、共享发展的现实举措，但仍存在发展思路不明晰、发展路径不明确、发展质量效益不高等问题。沁源的实践表明，要想真正因地制宜地对新发展理念进行有效的贯彻落实，首要前提是在思想观念上对其理念内涵形成正确的理解和全面的认识。在具体

的实践中，面对传统固化的思维方式束缚，沁源率先对干部队伍的思想观念进行改造，坚持以新思想新理念的强大引领力和感召力来提高干部队伍的眼界和认识。在此基础上，结合自身实际，形成了以新理念为指导的新思路建构、以新思路为遵循的新路径设计、以新路径为导向的新体制机制建构这一系统性的改革逻辑和制度安排，进而真正开创了一条具有自身特色、切合自身实际的转型发展之路，同时也为其他地区贯彻落实新发展理念，建设现代化经济体系提供了一套科学成熟的思维和行动范式。

（二）要加强整体谋划，树立系统思维

习近平总书记指出，“全面深化改革是一项复杂的系统工程，需要加强顶层设计和整体谋划，加强各项改革关联性、系统性、可行性研究”。县域发展涉及经济、政治、文化、社会、生态文明建设等诸多方面，这些方面相互作用、相互影响，要更好推动资源型地区高质量发展，需要顶层设计的科学指导和引领，需要来自基层的不断探索和创新，更需要对先进案例进行挖掘、对先进经验进行总结。沁源依托自身的资源环境条件和生态本底，秉承自然资源保护优先的方针原则，确立“绿色立县，建设美丽沁源”发展战略，把“绿色思维”“绿色意识”“绿色精神”融入城乡发展和治理的各个环节、各个方面，实现了县域发展生态的全面改善，在城乡经济发展和社会各项事业中取得了显著阶段性成效。可以看出，沁源采用系统思维整体推进工作稳步前进，其中各方面之间都有着密切的内在联系，既体现了经济社会发展的要求，也体现了更好满足人民群众文化生活需要的要求。因此，要实现县域整体高质量发展，需要以整体观、大局观进行全面思考，了解社会发展现状、把握社会趋势规律、分析社会发展动力、寻找结构优化路径，深入而细致地研究县域发展过程中各种复杂问题的内在联系，确保县域整体结构合理、运行顺畅，最终实现健康可持续的高质量发展。

（三）要恢复造血功能，激发内生动力

在当前经济从高速增长转向高质量发展的大背景下，如何推动资源型城市的高质量转型，是新时代经济社会发展的一个重要课题。产业结构单一、发展活力不足是资源型地区在转型发展中遇到的普遍问题，长期以来形成的“自我发展”的计划经济式思维是资源型地区转型发展的桎梏。沁源按照“转型、增绿、开放、强基、富民”五大发展思路，以构建绿色经济体系为核心，打造低投入、高产出，低消耗、少排放，能循环、可持续的现代经济体系，扎实走好“修路、种树、治水、兴文、尚旅”五条发展路径，推动质量变革、效率变革、动力变革，不断激发县域经济内生动能。可以看出，资源型地区的转型，表面上看是如何应对资源枯竭或资源性产业市场需求衰减带来的发展动力不足等问题，但本质上，是其经济活动如何从过度依赖特定资源向与特定资源“脱钩”的方向发展问题。在转型发展过程中，要坚持辩证思维，在“不变”与“变”之间探索科学发展之路：“不变”是巩固既有优势，把传统产业做大做优做强；“变”是“转方式、调结构”，将传统产业改造升级、提质增效，实现绿色发展。

（四）要优化产业结构，增进民生福祉

人与自然和谐共生是中国式现代化的鲜明特征。尊重自然、顺应自然、善待自然、保护自然，是生态文明的核心要义，是全面建设社会主义现代化国家的内在要求。沁源针对长期以来的结构性矛盾打出“破”“立”结合的政策“组合拳”。坚持在不破坏的同时改善生态本底、自然风貌，理性处理“破”（传统产业、传统经济）与“立”（新产业、新经济）的关系，坚持去产能与发展先进产能相结合，与产业结构调整优化升级相结合，深度促进新旧动能转换，合理安排产业优化升级的进度，确保增量性的改革和调整持续深入推进。这一举措为资源型地区推动转型发展，逐步提高绿色经济在国民经济中所占比重、不断提升绿色产业发展水平，持续降低县域经济对传统产业的依赖、切实提升高质量发展的可持续能力，提供了重要实践经验。我们要持续推进产业绿色化，在生态经济的基础上建设现代化。完善绿色产业政策，加强产业绿色评价考核，在生产供给端和消费需求端协同发力，加快农业、制造业、服务业等产业绿色化、生态化转型发展。

绿色，是沁源高质量发展的鲜亮底色。沁源的绿，诗意盎然，灵动飘逸，让人遐思无限。沁源的绿，生机勃发，活力四射，浸润太岳大地。新征程上，沁源将充分整合各项优势和自然禀赋，深入探索可持续的生态产品价值实现路径，积聚释放高质量发展“绿色动能”，让青山常在、绿水长流、空气常新。

第四章 乡风文明

在促进乡村振兴的五个总要求中，乡风文明蕴含丰富的文化内涵，是乡村振兴战略中最基本、最深沉、最持久的力量，是实施乡村振兴战略的核心内容。没有乡村的乡风文明，就没有乡村的全面振兴。

第一节 概述

习近平总书记在中央农村工作会议上强调，要加强社会主义精神文明建设，加强农村思想道德建设，弘扬和践行社会主义核心价值观，普及科学知识，推进农村移风易俗，推动形成文明乡风、良好家风、淳朴民风，这为开展乡风文明建设工作指明了方向，提供了根本遵循。要求我们在实施乡村振兴过程中，要避免过去只抓经济不抓文化的问题，正视农民精神文明建设相对滞后的短板，着力改变农村人情淡漠、攀比严重、厚葬薄养、铺张浪费等陈规陋习和陈旧观念，建立文明乡风民风，保证农村社会和谐稳定，不断吸引各类要素资源向乡村聚集，为促进产业兴旺提供必要条件，为建设生态宜居乡村提供优良的人文居住环境。近年来，我省乡村振兴整体推进县结合自身实际，着力加强精神文明建设，推动乡风文明建设，制定“硬措施”，规范“软约束”，推出了各具地方特色的改革举措，激发群众内生动力，让文明乡风、良好家风、淳朴民风成为美丽乡村最动人的风景，有效提升农村精神文明建设水平。

第二节　绘就时代“富春山居图”
——晋中市介休市

近年来，介休市按照中央、省委、市委实施乡村振兴战略的部署和要求，把大力推进乡风文明、树立文明新风作为乡村振兴的重要内容，在持续改善人居环境的基础上，深入开展社会主义核心价值观培育、传统美德弘扬、家风家教建设、精神文明创建等工作，文明乡风、良好家风、淳朴民风正在形成，乡村文明出现新气象。

一、基本情况

介休市位于山西省中南部，因春秋时期晋国名臣介子推逝于此地而得名。汾河横过境北，绵山屹立境南，与平遥、灵石、汾阳、孝义、沁源等县市接壤。总面积744平方千米，辖1个省级经济技术开发区、7镇3乡164个行政村、5个街道26个社区，耕地面积约39万亩，总人口41万，其中农村人口23万。目前，介休市已创建全国文明村1个，省级文明乡镇3个，省级文明村1个，晋中市级文明乡镇5个，晋中市级文明村17个。介休市级以上文明乡镇占比达100%，文明村占比达53%。

二、主要做法

介休市始终坚持以社会主义核心价值观为引领，通过完善村规民约，培树先进典型，构筑文明阵地，开展志愿服务，挖掘乡土文化，开展文化活动，发挥乡贤作用，让乡风民风好起来、人居环境美起来、文化生活乐起来，不断增强人民群众的幸福感和获得感。

（一）开展移风易俗，“一约四会”落地生根

介休市大力推进移风易俗工作，在各个行政村全面推行“一约四会”制度（村规民约、红白理事会、道德评议会、禁毒禁赌会、

图 4-1　农民丰收节绵山镇分会场

村民议事会）。制定村规民约实施细则，细则划分为遵纪守法、安全公德、村风民俗、环境卫生和违规处理五部分，内容翔实、措施具体、条理清晰，为建设德治示范村、营造文明乡风提供了基本遵循和有力保障，同时为了提高村民的知晓率，通过在田野、草丛中设立文明规范标语牌等方式，实现村规民约从室内走向室外、从小众走向大众。构建党员干部操办婚丧事宜报备制度，在广泛征求群众意见的基础上建立报备制度，对婚丧喜庆事宜的操办流程、规模、标准进行全程监督，党员干部发挥示范引领作用，带头抵制不良风气、反对铺张浪费，有效遏制大操大办、厚葬薄养、人情攀比等陈规陋习，做到了婚事新办，丧事简办，其他小办或不办，构建文明节俭、健康科学的生活方式。树立典型，开展文明户评选，围绕“尊师重教、家庭和睦、乐于助人、勤劳致富”等主题，开展“十星级文明户”“好婆婆”“好媳妇”“文明示范街巷”的评选，制定了评选方案，充分发挥典型的示范带动作用，引导广大家庭崇尚文明新风，树立良好家风。

（二）筑牢文明阵地，深入开展志愿服务

打造新时代文明实践阵地，介休市全面建成覆盖市、乡镇（街道）、村（社区）三级新时代文明实践中心（所、站），以志愿服务为载体，凝聚青年志愿者、党员志愿者等力量，开展形式多样的新时代文明实践志愿服务活动。组建志愿服务队，通过日常管理、举办活动、党员推荐等方式，把能力出众、敢于担当、品质优秀、群众认可的人吸纳到志愿队伍中来，通过队员组成的多元化，实现了志愿服务的多样化。开展富有成效的志愿服务，围绕“基层所盼、群众所需”，开展疫情防控值守、防疫知识宣传、爱心捐赠等工作，在推动基层治理、营造文明乡风、促进邻里和谐等方面发挥积极作用。建立志愿者直接联系群众制度，明确每名队员定点联系 3—5 户群众，每季度至少联系群众 1 次开展志愿服务。

（三）厚植文化底蕴，保护传承与开发利用相结合

介休市文化底蕴十分深厚，有着 2600 多年的建城历史，是中国清明寒食文化、慈孝文化、晋商文化、山西老陈醋的重要发祥地。介休市通过深入挖掘优秀传统文化、近现代经济发展文化所蕴含的思想观念、人文精神、道德规范，注重以“文”化人，保持着从日常生活实践和历史根脉深处生发出的文化自信。传承优秀传统文化，利用本土历史渊源，建设三贤馆（因历史上出过春秋名臣介子推、东汉名士郭林宗、北宋名相文彦博而被誉为“三贤故里”），以“圣贤道德教化、先贤事迹润化、乡贤业绩感化”为主旨，阐述“圣贤”“先贤”“乡贤”故事。弘扬红色文化精神，介休市利用丰富的红色资源，保护和传承红色文化，打造社会主义核心价值观示范点，张兰镇积极修缮革命人物故居，传承板峪村红色

图 4-2　2017 年洪山镇首届乡村文化旅游节

图 4-3　2008 年首届清明（寒食）文化节

文化，传承上岭后烈士陵园、上梁村、仙台村红色基因，建设红色教育基地，弘扬革命精神。

（四）丰富文化生活，提升乡风文明成色

介休市把丰富村民文化生活作为提升文明乡风的重要途径，为农村经济社会发展注入精神动力。建设农村书屋，将农村书屋打造成提升村民素质、助力乡村振兴的“加油站”，马女村农家书屋不仅收集了各类实用型纸质书籍供村民阅读，还将村民群众喜闻乐见的图书资料进行精心设计，把二维码印制于精美书签或展示牌上，通过“喜马拉雅”应用软件进行播放，帮助村内中老年人更轻松地享受“听书”生活，提高了书籍对于村民的吸引力及群众阅读的积极性。开展丰富的文娱活动，积极组织村内群众开展街头文艺汇演、参加农村锣鼓比赛表演以及制作针织手工鞋垫、靠垫和抱枕等，充分挖掘村民在棋牌、书法、乐器、舞蹈和戏曲等方面的潜力，为他们搭建展示平台，提供展现自我风采的机会，调动他们参与群众文化活动的积极性，进一步丰富群众精神文化生活，打造百花齐放的群众文化。大力实施乡风文明工程，成立文化事业促进会、好人事业促进会，通过每年开展“介休好人”评选、送书送戏送科技下乡等方式，进一步繁荣农村文化，助推了乡风文明建设。

（五）凝聚乡贤智慧，助力乡风文明创建

介休市十分重视乡贤的带动作用，充分调动其热心公益事业、情系家乡发展的积极性，在建设美丽乡村、发展村集体经济、壮大农业产业等方面发挥了重要作用。介休市以党支部为桥梁，支部党员为搭桥主体，全面联系外出乡贤，打好“乡情牌”，把乡愁固化成心系家乡的情感纽带，引导和支持乡贤参与家乡建设。乡贤们秉承三贤故里的精神内涵，关注家乡、宣传家乡、推介家乡，争做产业发展的带头人、乡村治理的热心人。乡贤举办“凝聚乡贤智慧·汇集优青力量”主题座谈会，为家乡发展建言献策；助力人居环境“十乱”整治，使乡村面貌进一步改善；捐资捐物，主动参与全民抗疫；在端午、六一等节日，主动组织帮扶困难群众、开展节日慰问、奖励优秀学子。扛起乡贤担当、展现乡贤作为、擦亮乡贤名片。在乡贤的引领下，一幅村美、人和的生动画卷正在缓缓展开。

三、经验启示

乡村振兴既要塑形也要铸魂。只有坚持物质文明和精神文明一起抓，改善农民精神风貌，才能提高乡村社会文明程度，让乡村文明不断焕发新气象。介休市始坚持以社会主义核心价值观为引领，始终坚持贴近农民精神文化需求，着力在提升乡村文明上下功夫，持续深入推进移风易俗工作，开展文明实践活动，挖掘乡土文化资源，凝聚乡贤力量，厚植乡风文明，致力于推动文明建设阵地硬起来、特色亮起来、人气旺起来、机制活起来、宣传响起来、乡贤动起来。

（一）善用活用村规民约，“规”出文明乡风新气象

乡村要美，美在文明；民风要正，正在村规。村规民约促进了乡风文明，让乡村有了“面子”更有了“里子”，在推进村风民风建设、促进村民自治等方面起到重要的作用。借鉴介休市做法，用好村规民约，约束村民自觉做文明、守法的好公民，用接地气的乡规“约”出新时代乡风。一是充分尊重村民意见，通过征集全体村民的意见，从孝老爱亲、邻里和睦、文明出行等方面制定村规民约；二是善用村规民约，村规民约要因地制宜、与时俱进，根据情况不断更正调整内容，增加关爱未成年人、反对家庭暴力、垃圾分类、“一户一宅”等内容；三是活用村规民约，将中华优秀传统文化、社会主义核心价值观融入村规民约中，并以图文并茂、通俗易懂的方式进行展示宣传，让文明新风真正走进百姓心里，让村规民约有温度、有尺度、有力度。

（二）培育振兴乡土文化，“焕”出文明乡风新风尚

乡土文化是乡村振兴的灵魂。文化在凝聚人心、教化群众、孕育乡风中有着独特的作用，面对丰富的传统文化资源，如何保护、传承和创新长期发展沉淀的乡土文化，推动乡风文明建设，是乡村振兴的重要内容和关键环节。一是保护优秀传统文化，要保护好、传承好农村物质和非物质文化遗产，保护好乡土文化的物质载体；二是坚持传统与现代相融合，深入挖掘丰富多彩的民间工艺、民俗文化，传承独特的风格样式并与现代文明融合，将现代性因素融入乡村文化之中，赋予新的时代内涵和丰富的表现形式，找到新的生长点，让传统文化活起来、传下去，从而释放新的生机和活力。组织开展各类民俗文化活动，让民间节日更富人文情怀，让农村更具情感寄托；三是推动文化继承与创新相结合，对于具有地域特色的农村原生态文化，要在传承的同时，进行创造性转化、创新性发展，

图 4-4 介休市群众文化惠民工程

培育兼具历史厚重感、人文情怀感和未来前瞻性的新型乡村文化。

（三）汇集用好乡贤群体，“合”出乡风文明新力量

新乡贤的出现，既带有时代的必然性，又承继着传统的乡贤文化，对深入开展乡风文明发挥巨大助推作用。一方面要弘扬新时代的乡贤文化，充分挖掘、提炼、弘扬其所蕴含的道德力量、精神力量；另一方面要用好“新乡贤”这一群体，新乡贤是宝贵的人力资源，以公职人员、致富能手、创业精英、退休回乡人员等为代表的新乡贤力量正在凸显，要引导发挥他们的道德示范引领作用，通过良好的道德规范引领农村社会风气的转变，更好地培育文明乡风、良好家风，不断提高乡村社会文明程度，推动乡村和谐发展，为乡村振兴注入生机活力。积极探索建立壮大新乡贤群体机制，搭建乡贤与乡村社会有机融合的平台，激发他们回乡建设的热情，聚合力量推进乡村振兴。

第三节　“道德银行”积分制开启乡风文明新模式——临汾市蒲县

近年来，蒲县深入贯彻落实习近平总书记关于基层治理重要论述和考察调研山西重要指示精神，站在捍卫“两个确立”、做到“两个维护”的政治高度，持续用力抓基层、打基础、固根本，打造“党群同行·善治蒲邑”抓党建促基层治理能力提升工作品牌，积极拓展“道德银行”新业务，构建抓乡村治理促乡风文明建设新模式，为推进乡村全面振兴提色增亮。

一、基本情况

蒲县地处山西省西南部、吕梁山南端西麓，县域面积 1512.84 平方千米，辖 5 镇 3 乡，总人口 9.57 万人，脱贫人口 5939 户、1.8 万人。先后荣获“全国首批农业可持续发展试验示范区”“全国生

图 4-5 2021 年度蒲县“道德银行”获奖者

态文明建设示范县”“绿水青山就是金山银山实践创新基地”“山西省脱贫攻坚先进集体”等称号。近年来，蒲县以乡村治理提升乡风文明为抓手，以公民道德建设为切入点，结合实际探索出道德行为、量化积分、兑换实物的“道德银行”乡村治理促进乡风文明建设新模式，激励农户广泛参与到脱贫攻坚、环境整治、疫情防控、文体活动等村级事务中，实现党员、群众同行（“道德银行”）管理、同行共治，开启了乡村文明新风，创新了基层治理实践，相关经验做法入选第三届中国优秀扶贫案例。

二、主要做法

蒲县从实际出发，结合群众思想观念变化的趋势，通过完善居民公约来约束，倡导健康文化生活来疏导，借助文明劝导深入挖掘“道德银行”时代价值，广泛宣传“星级户”的先进事迹，吸引带动更多人成为“厚德蒲县”的推动者、文明风尚的维护者、美好生活的创造者，大力营造“人人争当身边好人、个个崇尚道德之星”的浓厚氛围。

（一）贯通到户面对面，让乡村治理有深度

习近平总书记指出，只有党的各级组织都健全、都过硬，形成上下贯通、执行有力的严密组织体系，党的领导才能“如身使臂，如臂使指”。蒲县织密“县委—乡镇党委—农村党组织—村片区党小组—党员联系户”五级组织体系，将“道德银行”运行与党的部署同谋划、同安排，着力打通乡村治理“最后一公里”。县委负责顶层设计、统筹调度、督促指导，围绕党中央和省委、市委决策部署，紧贴县委中心工作、重点工作设置积分事项“大框架”，由组织部门牵头抓落实。乡镇党委负责细化完善本地积分内容，审核所属党组织评定情况、经验总结及表彰宣传，由党委副书记具体抓落实，村党组织负责具体组织实施。按照任务相当、规模适度、方便管理、界定清晰的原则细分 462 个片区党小组，从村“两委”成员、第一书记、驻村工作队、党小组组长、选调生、到村任职大学生中选择出 3 人以上组成评分小组，负责日常管理和纪实评分。乡镇机关和县直帮扶单位党员包联党小组，农村党员就近就便包联 5—10 户农户，对 1178 个重难点户，指定村“两委”干部、党员骨干包联，实现包联点对点、民情无遗漏、管理无缝隙，使基层“末梢神经”更加灵敏、有效。

（二）党群管理全覆盖，让乡村治理有广度

蒲县锚定“多元”乡村治理主体，通过“道德银行”积分管理撬动发挥党组织“主心骨”作用、党员主力军作用和村民主体作用。一是部门全覆盖。实行“乡镇吹哨，部门报到”，赋予乡镇党委考核评价权，对职能部门响应“吹哨”帮助解决基层治理难题进行量化积分，根据难易程度、治理成效等酌情加分奖励，对“吹哨”不到或推诿扯皮、敷衍塞责的，反向扣分惩戒，推动治理资源下沉一线；二是党员全覆盖。除了将本村党员纳入积分管理，乡镇机关和县直帮扶单位党员表现也要由农村党组织进行量化打分，引导机关党员参与指导群众开展自我管理、自我服务，帮助解决群众急难愁盼事项；三是农户全覆盖。将2.3万农户纳入积分管理评价，引导村民以“主人翁”身份参与村级事务，用积分管理“绣花针”串起基层治理“千条线”，实现基层治理人人参与、个个尽责。

（三）积分评价实打实，让乡村治理有量度

基层工作难定量、难考核，为彻底改变凭印象打分的做法，蒲县针对性制定党员、基层党组织和农户3张“积分清单”，“积分清单”也是“评价指标”，开发运用手机APP等技术手段，将抽象化的“大德”“公德”“私德”量化为可见可评可考的积分数值，让党员群众心中有杆秤、行动有标尺。对于党员，设置集中学习、组织生活、履行职责、模范带头、志愿服务5类积分事项，列出10种负面情形，为党员发挥作用划准标线、划定高线、划清红线。对于县直部门基层党组织，总积分为党员平均积分与“吹哨”报到所获积分之和。对于农户，聚焦乡村振兴总要求常态化设置勤劳创业、孝老爱亲、卫生整洁、热心公益、移风易俗、绿色生态等积分事项，同时紧密结合中心工作增设疫情防控、防汛救灾等动态积分事项，实现党对基层工作的全过程领导、全方位促进。

（四）注重民主强激励，让乡村治理有温度

“道德银行”坚持“开门”运行，让党员、群众既是参与者，又是主事人。规范程序，实行日常记分、集中评分、乡镇核分、公示亮分的程序，积分由党小组记录、村党组织评定、乡镇党委审核，并公示晾晒接受大家监督。采取“正向激励 + 反向惩处”，对积极参与村级事务的党员群众发积分、给荣誉，凭借积分可在支部大院的“爱心超市”等价兑换毛巾、铁锹、食用油等生活用品，累计兑付 303 万积分。县、乡、村三级定期遴选“星级户”，隆重举办表彰大会挂牌授星，对积分排名前 10% 的县直帮扶单位在党建工作经费上给予一定倾斜；对积分排名未达最低分数线的党员和党组织，取消民主评议、年度考核评优资格；对存在乱丢垃圾等负面行为举止的群众通报批评并扣除包联党员相应积分，真正让干得好的“有光彩”“受尊重”，干得差的“丢面子”“没位子”，全面激发党员群众学先进、当先进的内生动力。

（五）党群共治常态化，让乡村治理有力度

“道德银行”将抽象的“道德”量化为可评判的积分，让善行义举可触可感，有效提升了党员、群众参与乡村治理的积极性。一是实现群众常行善，“道德银行”抓住了广大群众“不蒸馒头争口气”的最朴素的上进心理，大家纷纷争当“星级户”，引领了一方好风尚。山中乡山中村农户霍昌喜曾经是“邋遢懒汉”的代名词，看到越来越多的老乡被评为星级户，他也投身村内公益活动，走村串巷当起了义务政策宣传员，成功蜕变当选“热心公益之星”；二是实现党员常服务，“道德银行”将党员联系服务群众情况列入积分事项，引导党员常怀初心、常念民情。新冠疫情发生后，蒲城镇西坪垣村党员代勇亮主动请缨，在村内关卡值守，对进出车辆人员详细排查，并积极宣传疫情防控知识，荣获“疫情防控之星”；三是实现部门常报到，“道德银行”把不同的职能部门引入同一“赛道”，激励机关党组织一线办公、一线解难。团县委机关党支部邀请清华大学暑期实践团，为包联的古县乡文城村果园直播带货，解决了农户苹果销路难的问题。2021 年汛情发生后，蒲县住建局机关党支部第一时间抽调技术骨干 24 人、监理 8 人，分赴受灾乡镇一线，全力保障因灾受损农村住房重建修缮质量安全，确保让每一位受灾群众都能温暖过冬。

三、经验启示

“道德银行”虽是“小工程”，却凝聚着“大民生”，不仅让乡村文明“分值”更有“价值”，也让村民们“储蓄道德、收获幸福”的观念逐步增强，不断汇聚全方位推动高质量发展的精神力量。实践证明，蒲县以积分制为核心的“道德银行”的设立，开启了乡村治理促文明乡风的新模式，唤醒了群众见贤思齐、勤劳致富、向上向善的思想自觉和行动自觉，为蒲县顺利实现脱贫摘帽、大步迈向乡村振兴发挥重要作用。

（一）将抽象化道德实践进行量化，实现文明实践“软要求”向“硬指标”转变

道德是一种非功利化的、观念层次的上层建筑，以往人们认为道德建设内容“看不见”“摸不着”，公民道德建设从操作上来说容易陷入“假、大、空”，有时未免太过形而上、脱离实际，难以使人产生情感共鸣。而蒲县道德银行积分制度将抽象化的“大德”“公德”“私德”具体量化为可见可评可考的积分数值，将道德变得可以计量，符合了大部分人的心理，让道德建设变得更加有的放矢。做好事就按规定分值累加积分，不遵守文明道德规范则视情况予以扣分，给文明行为“定量打分”，让善行义举可见可评，将文明道德标准细化为倒垃圾、搞卫生、参与村务等具体行为，通过积分评比，让事实说话，用数据反映，让每个村民心中都有了一本“明白账”，用每一项具体衡量指标来激发广大村民建设文明乡风的参与热情。

（二）不断激发群众内生动力，实现文明实践从“要我干”到“我要干”转变

蒲县强化积分运用，将农户的文明善举量化为积分，采取“星

级户”评选和物品兑换方式，以一定的物质奖励和精神荣誉刺激，让“德”者有所得，做好人好事的人得到认可、有所回报。这些在道德积分银行里通过量化积分得到高积分的道德模范，往往是身边非常熟悉的村民，这些人可信、可亲、可敬、可学，能够引导更多村民转变思想，调动向好人看齐、争做好人的积极性和主动性，主动参与到村级环境卫生维护、“文明家庭”创建等工作中来，引导村民从“要我干”变成“我要干”，在村民之间形成了你追我赶、互相监督的“赶超比”浓厚氛围，让每一位村民自觉成为乡风文明、生态宜居、干净人家创建的捍卫者和践行者，最终促进群众文明行为习惯的养成，农村人居环境改善、乡风社风不断向好，走出了一条重塑乡村治理、提振群众精神、浸润文明乡风的新路子。

（三）进一步突出需求创新方式，实现文明实践由“赢积分”向“深参与”转变

随着乡村“道德银行”深入实施，群众简单地以个体储存道德赢积分、赢奖励的欲望越来越弱，自我组织、自我管理、自我服务、自我教育、自我激励、自我监督的模式则进一步强化，群众在自治中的主人翁地位、群众主动参与村级事务治理的需求越来越强，因此进一步丰富创新道德银行内涵促进乡风文明成为必然。在实践中要因势利导，突出需求导向，引导群众向有组织志愿深入参与村庄公共事业服务转变，将无形的“志愿服务”转化为实实在在的“道德资产”，为乡村发展、基层治理、治安防范、脱贫帮困、抢险救灾、环境整治等公益性事业提供各种志愿服务，激发向上向善的强大力量，进一步推动家风、村风、民风全面提升。

第四节 移风易俗引领风尚 文明新风润泽乡村——吕梁市交城县

近年来，交城县立足本地实际，把推动移风易俗、培育文明乡风作为实施乡村振兴战略的重要内容，乡村文明建设取得显著成果。随着移风易俗工作的持续深入推进，文明乡风的种子在群众心中生根、发芽，移风易俗工作已成为广大群众的行动自觉，为建设美丽乡村提供了坚实的思想保证和精神动力，为加快建设文明交城、助推乡村振兴奠定了良好基础。

一、基本情况

交城县地处山西省中部，吕梁山东麓，晋中盆地西缘，东邻太原市的清徐县，南接文水县，西与方山县、离石区接壤，北邻太原市的娄烦县、古交市。总面积 1826 平方千米，现辖 7 镇 1 乡，共有 100 个行政村、10 个社区，总人口 22.67 万，乡村人口占到 44% 左右。交城县开展“星级文明户”评选，共表彰市级文明户 18 户、县级文明户 134 户、乡镇级文明户 1235 户、村级文明户 28932 户，推进 110 个村（社区）实现红白理事会全覆盖。天宁镇梁家庄村荣获“第六届全国文明村镇”称号。

二、主要做法

交城县在推进乡村振兴的过程中，坚持两手抓，在“富口袋”的同时，着眼于提升乡村振兴建设的深刻内涵，将移风易俗作为促进乡村振兴的重要内容，加快推进乡风文明建设，不断增强乡村文明软实力，让群众切实感受到乡村发展带来的新活力、新气象，不断提升村民的获得感、幸福感、安全感。

（一）层层压实各方责任，齐抓共管一体推进

为了高质量、高标准推进移风易俗各项工作任务，交城县坚持以上率下，紧盯关键环节，层层压实责任，确定了以县委书记、县长任双组长的交城县移风易俗领导小组，印发了《交城县十大文明市民教育行动方案》《关于在全县开展移风易俗工作的专项行动方案》，制定了《推动移风易俗、树立文明乡风、深化农村精神文明建设的实施意见》。县级坚持“一季一调度”，乡镇坚持“一月一研判”，对标要求问措施、问成效，对照实际查问题、明措施，推动移风易俗工作走深走实走细。完善修改了《交城县文明村镇创建管理办法》，相继建立健全了村规民约、村民议事会、道德评议会、禁毒禁赌协会、红白理事会，并切实发挥作用。交城县纪委监委、县委组织部、县农业农村局、县民政局等部门，根据职责分工，加强沟通，协调配合，共同发力，扎实推进移风易俗工作。

图 4-6　交城县推进移风易俗宣传现场

（二）建立“四员四书”机制，推进移风易俗深入

组建村级监督员、宣传员、劝导员、评议员“四员”队伍，印制党员承诺书、办事告知书、移风易俗倡议书、文明户评议书，大力弘扬中华优秀传统美德，营造乡村崇尚文明、节俭、科学的良好风尚，切实提高群众的获得感、幸福感。各行政村（社区）严格对照标准，倡导群众婚事新办、丧事简办、余事不办，逐步实现婚丧事宜简单化、民间习俗文明化、移风易俗常态化。各行政村（社区）每月召开主题党日活动时，上月办过事宴的党员要作出说明，计划下月筹办的党员要做出承诺，凡是需要办事宴的家庭，须提前向村“两委”报告，由村红白理事会监督。天宁镇磁窑村作为交城县移风易俗示范村样板，累计投入30余万元升级红白理事厅设施设备，让村民的婚丧嫁娶事宜足不出村就可解决，引导广大群众自觉抵制婚丧铺张浪费、大操大办的行为。

（三）开展“一匾一榜”评选，不断强化道德引领

交城县注重培育文明典型，逐步形成示范效应，进一步推动文明乡风建设。深入推进县乡两级移风易俗示范村评选活动，总结宣传移风易俗新风尚、好做法、好经验，进行全县推广；连续开展“传承好家风、争当文明户”评创活动，向表现良好、家风纯正的家庭发放“星级文明户”“移风易俗文明户”牌匾，引导群众树立文明风，争当文明户；推行“红黑榜”制度，根据各村（社区）红白理事会通报情况，将移风易俗的先进典型在“红榜”张榜表扬，凝聚正能量，对违反移风易俗有关规定的列入“黑榜”，教育警示反面典型，曝光大操大办、不遵守村规民约等现象，以舆论压力促进文明乡风的培养，以正反并举实行道德教育惩戒的方式，进一步深化移风易俗，不断营造崇德向善、奋发向上新风尚。

（四）新媒体多方式上阵，加强舆论宣传引导

通过向全社会发出移风易俗倡议书，在人民论坛、《经济日报》、新华网、“学习强国”APP、微信公众号等平台发表专题报道，在县融媒体中心设置“移风易俗科普小知识”专栏，推出“移风易俗知识小讲堂”系列短视频等方式，进一步加强移风易俗工作的宣传发动。成立“移风易俗”宣传小分队，充分利用线上宣讲、村务公开栏、街头大喇叭、广场文化墙、悬挂标语、举办喜闻乐见的文艺活动等多种形式，教育引导村民弘扬文明新风，营造移风易俗的浓厚氛围。创编了《文明祭祀》《喜事新办》等移风易俗的宣传节目，以特有的“交城杂则”形式，结合音乐＋打蛤蟆板伴奏＋舞蹈动作，用活民间文化进行移风易俗宣传。一些村将移风易俗工作的具体内容编写成了通俗易懂、朗朗上口的“三字经”，挂在进村最显眼的位置，把推行新风尚的种种细则和好处圈点出来，内容全面、贴近实际，地地道道的“顺口溜”成为指引群众树立文明新风的一种宣传教育新模式。积极开展家风促村风助乡村治理培训会，将社会主义核心价值观与家庭建设紧密结合起来，提高村民家庭教育的责任意识和水平，引导教育广大家庭弘扬“夫妻和睦、尊老爱幼、科学教子、勤俭节约、邻里互助”的传统美德，让村民参与到文明创建中来，为乡村治理注入精神动力。

（五）健全文明实践平台，发挥党员带头作用

交城县充分发挥党员干部的先锋模范作用，主动做移风易俗的践行者、引领者、宣传者。建立完善党员干部操办婚丧事宜报告制度，加强对党员干部操办婚丧嫁娶活动的纪律约束，自觉接受群众和社会监督。建立健全新时代文明实践中心、所、站平台，以县、乡镇、村三级为单元，吸收本地党员干部、道德模范、先进人物、科技能人、乡贤、“五老”人员等，组建各具特色的志愿服务队伍，开展爱心送考、圆梦微心愿、公益“一亩地”、爱心超市、应急救

援、文艺下乡、“衣旧情深”、爱心支教、“四单制”扶贫、理论宣讲等活动，基本实现群众在哪里，文明实践和志愿服务就延伸到哪里，打通宣传群众、教育群众、关心群众、服务群众“最后一公里”。此外，修建休闲公园、老年活动中心等一大批规范、便民、高效的服务场所，使之成为集社会主义核心价值观宣传教育和休闲、娱乐、健身于一体的公共文化阵地，通过开展丰富多彩、健康向上的文化活动来鼓舞人、引导人、教化人、凝聚人心，增强群众的获得感、幸福感。

（六）构建督导考评机制，用好用足“指挥棒”

强化考评机制，以“党员积分制”为抓手，把落实移风易俗工作纳入党员积分重点项目，明确积分标准，与考评进行挂钩。建立常态督导机制，组建专项检查组，分别对各单位、各乡镇移风易俗工作情况开展督导检查，及时发现问题，提出整改意见，并督促即行即改，移风易俗工作得到有效改善。

三、经验启示

乡村振兴不振兴，要看乡风好不好。交城县在乡风文明建设过程中，把移风易俗作为推进乡风文明建设的有力抓手，着力革除不良陋习和陈旧观念，乡风文明建设取得显著成效，文明和谐的新风气正在形成，为社会治理、基层治理奠定基础，为乡村振兴凝聚了精神、聚合了力量，为其他地方实施乡风文明建设提供有益借鉴。

（一）推进移风易俗、建设文明乡风，需组织发动群众

农民群众是文明乡风建设的主体，能不能得到农民群众的认同支持至关重要。让农民群众一开始就做到改变厚葬薄养、大操大办、高价彩礼、打牌赌博、封建迷信等陈规陋习和陈旧观念，不是一朝一夕就能完成，关键是要增强农民群众的主人翁意识，把农民群众组织起来，让农民群众参与其中，逐步认识到改变陈规陋习、构建

文明乡风带来的种种益处，进而产生价值上的认同，让每一位群众真正成为这个新风的制定者、执行者、评议者和受益者。交城县在推进移风易俗工作过程中，不把农民群众排斥在外，不搞强迫命令，通过建设文明墙、编顺口溜、举办文艺活动、评选“星级文明户”等多种形式，在潜移默化中逐步改变群众落后的思想和不文明的行为，实现群众自我管理、自我约束和自我提高，形成人人传播文明的浓厚氛围。

（二）推进移风易俗、建设文明乡风，需突出价值引领

乡风文明建设必须坚持以社会主义核心价值观为引领，这也是推动社会主义核心价值观在农村生根落地的必然要求。要进一步引导农民群众以社会主义核心价值观为指导，强化农村思想道德建设，通过广泛开展内容丰富、形式多样的宣传教育，提高鉴别是非、美丑、荣耻的能力，引导村民守道德、守法律、守诚信，形成良好的行为规范，推动形成知荣辱、讲正气、树新风、促和谐的文明风尚。交城县以培育和践行社会主义核心价值观为根本，充分发挥先进典型的示范带动作用，广泛开展优秀志愿者、道德模范的评选，并对在乡村振兴、致富创收过程中涌现出的先进典型予以表彰，营造崇德向善、见贤思齐的社会氛围，同时大力挖掘和倡导优良的家规、家训、家风，逐步将婚事新办、丧事简办、孝老敬老等清风正气融入群众生活，使文明新风在交城广大农村落地生根。

（三）推进移风易俗、建设文明乡风，需发挥党员干部模范作用

一个党员就是一面旗帜，基层党组织党员干部对乡风文明起着“标杆”示范带头作用，党风政风会对乡风民风产生直接的影响。这就必须要求党员干部要自觉遵守廉洁自律准则，严守纪律规矩，做移风易俗的倡导者、文明乡风的推动者、社会主义核心价值观的践行者，充分发挥党员干部在树立新风、志愿服务中的示范作用，

把思想、道德、观念等教育内容融入搞活动、做实事等载体之中，使乡风文明具体化、实在化。交城县党员干部在移风易俗中走在前头，以身作则，发挥好表率作用，带头做出公开承诺，带头宣传倡导移风易俗，带头文明节俭办婚丧事，带头文明低碳祭扫，自觉接受群众评判和社会监督，起到了“党员做给群众看、党员带着群众干”作用，使村党支部真正成为农民群众的“领头雁”和“主心骨”，以党风带政风促乡风民风，实现文明新风明显的转变。

（四）推进移风易俗、建设文明乡风，需建立长效机制

乡风文明建设不是一蹴而就，需要一个长期建设的过程，要打好“持久战”，需要乡风文明建设实现科学化、制度化、规范化，才能取得实实在在的成效。关键是要建立健全乡风文明建设的领导决策机制、组织活动机制、各方协调机制、宣传教育机制、学习培训机制、为民服务机制、检查评比机制、激励约束机制等一系列长效机制，以机制作保障共同推进乡风文明建设。

第五节　文明乡风绘就和美乡村新画卷
——运城市闻喜县

2017 年 12 月 12 日，习近平总书记在江苏马庄村调研时明确指出：“实施乡村振兴战略不能光看农民口袋里票子有多少，更要看农民精神风貌怎么样。”由此可见，乡风文明既是实施乡村振兴战略的总要求之一，也是乡村振兴的重要推动力量和软件基础。大力弘扬时代新风，需要积极推进新时代文明实践活动，大力弘扬新风正气，推进移风易俗，培育文明乡风、良好家风、淳朴民风，展现乡村文明新气象。近年来，闻喜县把乡村振兴与乡风文明建设有机结合起来，大力实施乡村文明行动，使二者相向而行、良性互动、

互相促进，全县农民精神文化生活更加充实，农村文明程度有了显著提升。

一、基本情况

闻喜县，隶属山西省运城市，位于山西省南部、运城市北端。东接绛县、垣曲县，北连新绛县、侯马市，西接稷山县、万荣县、盐湖区，南邻夏县，总面积 1167 平方千米，辖 10 镇 2 乡、184 个行政村，总人口 35.20 万人，户籍人口 39.64 万人。截至 2021 年底，闻喜县新时代文明实践站（所）实现村（镇）全覆盖，创建五星级“乡风文明红旗村”3 个，县级以上文明乡镇、文明村比例分别达到 83%、60%。

二、主要做法

闻喜县将乡风文明建设作为巩固脱贫攻坚成果、稳步推进乡村振兴的有力抓手，推进移风易俗，实施系统工程，把文化礼堂（包括村史馆、道德讲堂、日间照料中心、农家书屋等）作为乡风文明建设的重要载体，与培育弘扬社会主义核心价值观紧密结合，与弘扬家风家教文化、新乡贤文化等优秀传统文化紧密结合，引导各方力量积极参与，致力于让文明乡风在桐乡大地蔚然成风，为巩固脱贫成果，实施乡村振兴提振精气神、凝聚正能量。

（一）移风易俗，树立乡村文明新风尚

风俗是具有地方文化特性的风尚、习俗，在农村，仍存在一些不良旧俗、陋俗及恶俗，不仅与时代要求不符、阻碍社会秩序稳定，而且成了广大农民群众沉重的负担。“天下治乱，系乎风俗”，2022 年，闻喜县在全县范围内下发《关于在全县开展“摒弃婚丧陋习、深化移风易俗”文明实践活动的通知》，要求各乡镇及单位通过集中开展“摒弃婚丧陋习、深化移风易俗”文明实践活动，遏制红白事大操大办、奢侈浪费、盲目攀比的奢靡之风，弘扬勤劳节俭的优

图 4-7 中华第一宰相村——闻喜裴氏宰相村介绍

良传统，形成节约光荣、铺张可耻的良好风尚，厉行节约的文明之举在全县蔚然成风。畖底镇通过积极修订完善村规民约，依托镇村大喇叭、微信公众号及道德讲堂、善行义举榜等平台，弘扬勤俭节约、文明和谐、婚事新办、丧事简办、喜事节办、厚养薄葬等时代新风，开展“好孝子”“好媳妇”“好公婆”“美丽庭院”“最美家庭”“五星文明户”“移风易俗示范家庭”等评选活动，全力推进移风易俗工作，弘扬文明新风尚，激活乡村振兴内生动力；侯村镇寺底村充分挖掘深厚的楹联文化底蕴，由新乡贤、楹联协会会员和村“两委”班子成员、党员干部带头，通过在婚礼上赠送佳联、在寿礼上赠送中堂等方式，彻底改变红白事礼钱、份子钱节节攀升的陋习，引领了文明新风，传递了社会正能量；薛店镇沟渠头村成立红白理事会，变以前事主操办为村委会统一管理、统一筹办、统一标准、统一价位，由干部、党员、老年协会成员带头实施，广大村民积极响应。

（二）以文化人，构建乡风文明“硬引擎”

文化是乡村文明的表现，建设乡村文化就是在为乡村振兴输入力量，文化兴，事业兴。闻喜历史悠久，古称“左邑桐乡”，秦时更名为左邑县，公元前111年，汉武帝巡经此地欣闻南越大捷，赐名闻喜，至今已有2000多年的历史，这里有董父豢龙的美丽神话，有稷王稼穑的神勇传说，有裴氏家族的千年荣耀，有戊戌六君子的革故鼎新，有激情燃烧的红色印迹。闻喜县结

图4-8 中华第一宰相村——闻喜裴氏宰相村训示碑

合“家风家教文化之乡”的实际，从各个历史文化村自身出发，通过对传统文化、民风民俗的挖掘、整理和传承，积极发挥本地乡土文化作用，培育文明乡风助力乡村振兴。一是推进家风家教进万家。闻喜县以裴氏地域文化为基础，深入开展中国（闻喜）家风家教主题文化系列活动，通过具体开展清廉家风进家庭、进学校、进农村、进社区“四进”活动，“学儒学传家训明家礼”传统文化进万家活动，百姓家风文艺汇演等活动，使优良家风文化熏染了全县千家万户。在闻喜县侯村镇寺底村，史云财家的家训是：孝敬老人，从我做起；潘正德家的家训是：邻里和睦处处是笑容，家庭和睦天天享快乐……闻喜县裴社镇积极引导广大村民群众争创“星级文明户”，并与爱心超市合作，按照星级给予文明户相应积分，开展积分兑换物品活动，提升群众“创星”“评星”的积极性和主动性。二是打造乡村文化礼堂。乡村文化礼堂是乡土文化和乡村记忆传承、延续的载体，是百姓的精神文化家园。薛店镇沟渠头村在文化礼堂建设中，以“一约五会”为抓手，着力打造以“优良家风世代传、善行义举树榜样、红白大事集中办、日间照料暖人心、争当乡贤做贡献”为主要特点的乡村文化礼堂特色品牌；东镇镇东姚村以传承传统文化、弘扬主流价值、丰富文体活动、庆祝传统节日为抓手，通过开展开蒙礼、尊师礼、成人礼、敬老礼等一系列礼仪活动为载体，打造精品文化课堂、德育精品课堂，不断增强礼堂文化的熏陶教化功能。三是树立典型，以身边事教育身边人。陈家庄村自2010年起，每年重阳节都会举办道德模范评选活动，进一步弘扬崇德向善、和谐文明的好村风。与此同时，陈家庄村持续加强精神文明建设先进典型的培养和树立，运用广播、黑板报、微信等各种形式广泛宣传全村群众性精神文明创建活动的新进展、新经验、新成效，宣传在活动中涌现出来的优秀典型。

（三）乡贤引领，培育乡风文明新动能

“火车跑得快，全靠车头带”，作为传统治理资源重要组成部分的乡贤文化在乡风文明实践中起着重要作用。闻喜县在全县广泛开展“寻找新乡贤”活动，积极调动在本土工作的优秀人才，各村的能人，富裕起来的企业家，退休退伍的老军人、老干部、老工人、老教师等各种乡贤回乡到村、发挥作用，并且通过“凤还巢”，吸引在外地工作的、对家乡有情怀的能人贤士补充到新乡贤队伍中来，组建了县、乡、村三级新乡贤理事会。其中薛店镇沟渠头村的党支部书记兼村委会主任杨锁旺是县里有名的企业家，在村民的期盼感召下，他毅然放弃红红火火的生意选择回村，不但带领村民走上富裕路，还在村里成立老年人日间照料中心，解决了孤寡空巢老人的心理和生活难题；侯村镇寺底村村委会主任吉平娟以前长年在外经商，当选后回到村里，累计出资数十万元，帮助村里硬化道路、美化亮化环境；山西德济药业总经理、永济市新乡贤理事会会长党保军，近年来投身中药材产业，在闻喜设立药材加工车间，带动了当地的中药材产业发展。另外，闻喜县还扶持新乡贤在农村发起成立农村资金互助组织，帮助解决村民发展产业缺资金的问题。新乡贤们通过带动乡村经济发展，夯实了乡风文明建设的物质基础。

三、经验启示

党的二十大报告指出，中国式现代化是物质文明和精神文明相协调的现代化，物质富足、精神富有是社会主义现代化的根本要求；《中共中央、国务院关于实施乡村振兴战略的意见》提出“必须坚持物质文明和精神文明一起抓，提升农民精神风貌，培育文明乡风、良好家风、淳朴民风，不断提高乡村社会文明程度”；《关于进一步推进移风易俗建设文明乡风的指导意见》提出要“推进移风易俗，

不断改善农民精神风貌，提高乡村社会文明程度”。上述文件体现了党对农民精神生活的关注，因此乡风文明建设要使广大乡村社会主体形成积极上进的精神风貌或思想观念，促进其价值观的充盈和精神境界的提升。闻喜县在乡村文明建设过程中，利用农村各种传统文化资源，始终尊重农民的文化需求和文化创造，着力塑造新时代农民的精神面貌，为其他地方提供了有益借鉴。

（一）强化教育引导，把握乡风文明建设方向

乡风文明建设必须反映时代要求和乡村振兴需要，引导农民群众思想观念和行为习惯等逐步与农村社会治理现代化的要求相适应。一是坚持以社会主义核心价值观为引领。乡村振兴背景下的乡风文明建设离不开社会主义核心价值观的指导，以社会主义核心价值观引领乡风文明建设主要是加强乡风文明建设意识形态引领，确保乡风文明建设的正确政治方向。[①] 在具体实践中，要从乡村社会实际出发，持续推进移风易俗，推广积分制、道德评议会、红白理事会等做法，加大对不良风气的治理力度，加强家庭、家教、家风建设。二是充分发挥县级党委和政府的重要作用。打造理论宣讲平台、教育服务平台、文化服务平台等，因地制宜开展文明实践活动，切实提高农民群众的思想觉悟、道德水平、文明素养、法治观念，推动农民全面发展、农村全面进步。

（二）保护开发并重，传承优秀传统文化

乡村传统文化是乡村人赖以生存的精神家园，是乡风文明建设的内生土壤，也是新时期乡风文明建设的重要元素，它构成了乡村振兴的重要资源。乡风文明建设需要立足乡村传统文化，取其精华，

---

① 邱世兵，邱婧璇.乡村振兴背景下乡风文明建设的使命、逻辑与进路[J].重庆社会科学，2023(06):133-144.

去其糟粕，将新的文化内涵赋予其中，并依托传统节日，开展各种节庆活动，举办传统民歌比赛等，推动文化资源共享，丰富农民群众精神世界，满足人们多样化的文化需求。

（三）培育建设主体，提高农民参与积极性

农民是乡村的主体，是乡风文明建设的主力军。深化乡风文明建设，要充分调动广大农民群众参与的积极性、主动性，从思想上形成自觉、制度上形成规范、风气上形成氛围，让文明新风尚不断滋养乡亲们的幸福生活。一方面，要将社会主义核心价值观融入农村教育培训活动，培育具备良好道德品质和专业知识技术的新型农民，改变农民的精神文化风貌，让其自觉践行文明生活方式，摒弃传统陋习。另一方面，充分利用网络技术和设施，运用市场力量，发挥地域和资源优势，借助农村民俗文化发展各类创意产业，把乡风建设与乡村旅游和新兴产业建设结合起来，建设各具特色的小镇和专业村，让农民在文明乡风建设中受益。

第五章

治理有效

全面推进乡村振兴，治理有效是基础，是根基，也是抓手，更是目标。没有乡村的有效治理，就没有乡村的全面振兴，更无法实现国家治理体系和治理能力现代化的战略目标。社会治理根基在基层，重点在基层，难点也在基层。基层治理效果怎么样，突出体现在基层战斗堡垒是不是建设得坚强有力，基层党组织和治理人才队伍作用是不是发挥得充分有力，从这个意义上说，“治理有效”要以强化基层党组织建设为抓手，要扎实推进抓党建促乡村振兴，把夯实基层基础作为固本之策，建立健全党委领导、政府负责、社会协同、公众参与、法治保障的现代乡村社会治理体制，坚持自治、法治、德治相结合，走出一条中国特色社会主义乡村善治之路，确保乡村社会充满活力、和谐有序。

第一节 概述

我国是一个地域广阔、人口众多、民族众多、区域经济差异显著的大国，不同乡村之间因区位、规模、社会结构、经济发展水平、历史文化等因素的差异，不应该也不可能存在一个全国统一的治理模式。治理有效不能对某个地方的做法进行简单复制和生搬硬套，而应从本地实际情况出发，以人民为中心，突出需求导向、问题导向、效果导向，强调地方特色，构筑符合当地乡村社会特点、合法合理合情的治理方式，以最大程度地凝聚人心、最大程度地改善民生福祉、最大程度地维护民众的共同利益。

治理有效作为推动乡村振兴的保障性要素，在诸因素之中起着举足轻重的作用。首先，有效的乡村治埋可以为乡村振兴提供稳定的秩序条件，乡村振兴离不开村民的参与，而有效的乡村治理，可以让农民形成一种自我管理、自我约束的情况，让村民自己意识到乡村振兴不是个人的事而是大家的事，成为乡村秩序的维护者，让乡村能够在党和政府的领导下、村民的参与监督下，更好地发挥主观能动性。其次，有效的乡村治理可以给乡村振兴带来更好的产业发展，乡村经济要发展离不开产业的建设，好的产业发展需要的是村委会带头进行规划，通过合理的布局，让当地的产业能够更好地生产销售，促进村集体经济的发展，让农村群众能够增收，为乡村振兴打下坚实的基础。最后，有效的乡村治理可以给乡村振兴吸引更多的人才，通过对乡村的治理，让村子的面貌焕然一新，再通过提高工作环境以及福利等，让更多的人才愿意过来工作生活，助力乡村振兴。

2018 年 3 月 8 日，习近平总书记在参加十三届全国人大一次会议山东代表团审议时，指出："要推动乡村组织振兴，打造千千万万个坚强的农村基层党组织，培养千千万万名优秀的农村基层党组织书记，深化村民自治实践，发展农民合作经济组织，建立健全党委领导、政府负责、社会协同、公众参与、法治保障的现代乡村社会治理体制。"这就指明了实现乡村治理有效的根本路径就是构建自治、法治、德治相结合的乡村治理体系，以自治为基、法治为本、德治为导向，融合推进乡村治理体系建设，确保乡村社会充满活力，和谐有序发展。

一是自治为基，深化村民自治实践。村民自治在乡村治理中发挥着基础性作用，坚持村民自治是人民当家作主最普遍、最有效的实现途径，其核心是坚持了农民在乡村治理中的主体地位，通过提高农民主动参与村庄公共事务的积极性，依托村民会议、村民代表会议、村民议事会、村民理事会、村民监事会等，形成民事民议、民事民办、民事民管的多层次基层协商格局，凸显农民在乡村治理中的主体地位。深化村民自治实践，可以激发农民参与性和内在活力，为乡村振兴提供政治保障。

二是法治为本，建设法治乡村。法治是国家治理的基本手段，也是乡村治理强有力的保障。在村民自治的基础上，要充分发挥法治对于乡村治理体系的保障作用，以法治指引乡村治理实践，坚持在法治化轨道上统筹社会力量、平衡社会权益、调节社会关系，促进基层经济、政治、文化、社会、生态文明等一切活动制度化、规范化、程序化，提高乡村治理法治化水平。一方面，强化法律在维护农民权益、规范市场运行、农业支持保护、生态环境治理、化解农村社会矛盾等方面的权威地位。另一方面，将法治与农民的社会实践相结合，引导广大农民增强尊法学法守法用法意识，不断提高其法治素养。

三是德治引领，提升乡村德治水平。德治具有柔性的渗透力和感染力，是乡村治理体系中的重要组成部分。一方面，德治在乡村治理中具有道德强化作用，因此，需要通过深入挖掘熟人社会中的道德力量，结合乡村振兴阶段的要求对其内容进行创新，将其融入村规民约、村民道德公约等规范中，引导农民向上向善，培育文明乡风。另一方面，建立道德激励约束机制，引导农民自我管理、自我教育、自我服务、自我提高，实现乡村社会的和谐发展。同时，通过广泛开展好媳妇、好儿女、好公婆等评选表彰活动以及寻找最美乡村教师、医生、村官、家庭等活动，深入宣传道德模范、身边好人的典型事迹，弘扬真善美，传播正能量。

第二节　“六六共治”模式
——稷山县姚村

稷山县稷峰镇姚村是享誉全国的“板枣之乡”。近年来以党建引领，把德治、自治、法治融入村庄治理中，摸索出姚村独有的“六六共治”治理体系，不断提升村庄治理水平，持续优化村庄发展生态环境，引导挖掘村庄自治动力，为姚村经济社会发展提供了支持与保障。

一、基本情况

姚村，地处稷山县城西北。全村有居民 867 户，10 个居民组，

3620余人，其中党员64人、村民代表66人。全村耕地面积4651亩，全部种植板枣。近年来，该村强化村“两委”干部配备，坚持党建引领，牢牢把握“抓班子、带队伍、保稳定、促发展”的总体思路，以“村庄秀美、环境优美、生活甜美、社会和美”为打造目标，真抓实干，使村容村貌显著改善，基础设施提档升级，主导产业多元发展，村民致富信心倍增。

姚村是国家板枣公园的核心区和中国重要农业文化遗产——山西稷山板枣生产系统的主产区。板枣种植在该村已有千余年历史，是该村的主导产业，仅板枣一项，全村每年就可收入5000万元以上，人均收入在1.5万元左右，集体收入在12万元左右。全村有板枣协会1个、板枣加工企业5个、板枣合作社37个、电商企业46个、物流快递点7个。拥有300余人的微商队伍、130多人的板枣经纪人队伍，更有分布在全国大中小城市的30余家板枣销售门面。

姚村紧抓人居环境整治，通过“七个坚持”，打造美丽宜居新姚村。一是坚持规划先行，绘制美丽村庄蓝图；二是坚持完成“脏、乱、差、污”四大治理任务；三是坚持实施“绿化、亮化、美化”三大工程；四是坚持党建引领，党员干部以身作则带动群众；五是坚持机制约束，健全和运行《环境卫生长效机制》，创新实行“四制度一报备机制”；六是坚持特色打造，彰显姚村文化内涵；七是坚持典型带动，开展“星级文明户”和“最美农村卫生家庭”创建工作。随着姚村在各领域的突出发展，越来越多的现场会、调研点、大型活动的主要会场选在这里，老百姓得到了更多的平台和机会展示和推介自己的板枣产品，使得农产品的社会价值不断增加。随着各级部门授予越来越多的荣誉，姚村老百姓的归属感和自豪感也与日俱增，建设美丽家园的热情也越来越高涨。

30余年来，姚村未发现邪教，无赌博，无犯罪，无上访，无事故，人民群众安居乐业，在文化广场跳舞、在农家书屋阅读、在健步跑道跑步、在文化活动室吹拉弹唱、在新时代文明实践站学习提升成为群众业余生活的新选择。如今的姚村已逐渐形成清新、文明、上进的好风气，营造了人人遵守村规民约、户户争当文明家庭的良好氛围，群众获得感、幸福感、安全感持续提升，常年来群众安全满意度在 95% 以上。近年来先后被评为：国家森林乡村；省级民主法治示范村、省级善治示范村、省级美丽宜居示范村、省级一村一品先进村；市级美丽乡村、市级文明村、市级文化村、全市社会主义核心价值观建设示范村、全市先进基层党组织；县级美丽乡村、县级综合治理先进村、县级平安建设先进村、县级全面工作先进单位、县级龙虎品牌标杆村、县级乡村振兴示范村。2021 年 9 月 6 日，农业农村部公示了拟认定第二批全国乡村治理示范村镇名单

图 5-1　姚村在党群服务中心开展“向程全红同志学习”活动

公示公告，稷山县稷峰镇姚村成功入选第二批全国乡村治理示范村认定名单。2022 年 6 月，被山西省农业农村厅认定为新一批“山西美丽休闲乡村”。2022 年 11 月 10 日，入选农业农村部 2022 年中国美丽休闲乡村名单。

二、主要做法

姚村以“枫桥经验”为抓手，把德治、自治、法治三治融合的治理精髓与姚村实际相结合，大胆实践，勇于创新，探索出“六六共治”姚村模式。

（一）六个带头强政治

一是党员带头学法律、学文化，以农民夜校、党员教育室（初心厅）为依托，学习最新方针政策和各类知识，全面提升个人素质，强化政治意识。二是党员带头进网入户巡查，将支部建在百姓身边，经常主动与群众沟通交流，了解群众急难愁盼的问题，提前了解社情民意，力争把矛盾消灭在萌芽状态，力争重大问题及早上报。三是党员带头化解矛盾，党员积极参矛盾调解工作，以党支部为核心，争当人民调解员，及时发现、处理各类矛盾，做到抓早抓小，不怕得罪人，矛盾不上交，平安不出事。四是党员带头发家致富，以板枣产业为抓手，以“枣乡人家”项目打造为契机，实施“支部 + 合作社 + 企业 + 板枣种植大户 + 电商 + 物流”模式，不断满足人民对美好生活的向往。五是党员带头破陈规、树新风，破除陋习，不搞封建迷信，不搞重男轻女，不搞低俗闹婚，不搞身份阶层，不搞拼酒酗酒，推进移风易俗，努力打造乡风文明、民风淳朴的和谐姚村。六是党员带头扶贫，为贫困户设包联党员，开展定期帮扶，小康路上一个不能少，同时在农户脱贫后做到“扶上马，送一程”，对脱贫户定期回访，做好动态监测，巩固脱贫成果。

（二）六种制度强自治

一是制定村规民约，规范全村日常工作，细化操作流程，大事小事有章可循，实现村民自我管理、自我约束，同时在征求村民意见的基础上，做到“一年一更新，一年一完善”，保障制度的先进性、民主性。二是制定村民议事制度，村务公开大家管，重大决策大家议，重大事件大家定，保障村民的民主权利，调动农民当家作主的积极性。三是制定道德评议制度，围绕九大评议项目，评选各类先进典型，通过上墙表彰和大喇叭、微信群进行广泛宣传，让爱党爱国、勤俭持家、团结友爱成为风尚。四是与“一村一警”结合，严格落实禁毒禁赌章程，禁毒禁赌协会发挥职能，定期开展宣传教育及排查工作，织密毒赌防护网，实现姚村毒赌“零”目标。五是制定红白理事会章程，红白事办事规模形成固定模式，“七菜、两盆、

图 5-2　姚村开展文化活动，书法爱好者书写爱心春联

一盘端”，每桌不超200元，用车不超6辆，大操大办和盲目攀比之风得到有效控制。六是制定新乡贤理事会章程，每年召开新乡贤座谈会，向他们汇报工作，收集他们的意见，最大限度发挥乡村治理能人效应。

（三）六支队伍强文治

近年来，姚村兴建1.45万平方米的文化广场一个、长80米的姚村文化墙一面、小广场六个、文艺活动室一个，丰富村民日常文化娱乐生活内容；同时，成立蒲剧团、威风锣鼓队、铜管军乐队、民间花鼓队、舞蹈队、运动队（长鞭队、篮球队、摔跤队各一个），加强了乡村文化文艺建设。在6支文艺骨干队伍带领下，全村积极参与文化活动的群众达到六七百人之多。其中，70余人组成蒲剧团，自1968年建团至今，长盛不衰，从革命样板戏到蒲剧、现代小品，样样俱全，每年平均演出10多次，尤其农历三月二十八庙会期间，姚村的文艺演出达到了高潮。文化繁荣丰富姚村人日常文化娱乐活动的同时，也为村庄平安建设起到积极作用。如今，姚村打麻将、赌博的人少了，参加文化活动的人多了，张家长、李家短的闲话少了，吵架斗嘴的事没了，以枣为核心，齐心协力奔小康的先进典型多了。

（四）六种评选强德治

“好婆婆”“好媳妇”“有志青年”“新乡贤”“最美卫生家庭”“星级文明户”六种评选活动年年进行。姚村“好婆婆”“好媳妇”“有志青年”“模范家庭”评选活动已坚持了30余年，自1984年开始到现在共评选出“好媳妇”141人、“好婆婆”127人、“模范家庭”81户、“好村民”97人、“有志青年”1300多人。从2021年8月份开始，姚村开展“星级文明户”和“最美卫生家庭”的评选活动，采取村民小组推荐、个人自荐、道德评议组评议的形式开展活动。2022年姚村共评出“好媳妇”4名、“好婆婆”5

图 5-3　姚村评选先进典型，表彰“好媳妇”

名、“最美卫生家庭”21 户、“星级文明户”119 户，并在每年姚村最热闹的二月二十八庙会上，公开表彰“好媳妇”“好婆婆”等披红戴花的先进代表，赋予古老庙会文化活动新内涵，大幅提升村庄先进表彰的社会效果，争先创优中为社风村风维护与发展创造了良好氛围。

（五）六种措施强法治

一是开展法治大宣传。打造法治文化墙 700 余米，主街道刷写法律词句 121 条，设立法律相关立体灯箱 145 个，广播喇叭、LED 屏循环滚动播放，不断提高村民法律意识，促进村民知法懂法守法用法。二是法治讲堂进农民夜校、进道德讲堂、进学校、进党员活动室，通过发放宣传单，开展国家反诈中心 APP 普及注册，农家书屋设置专门法律宣传书架，提升党员、村民法律和法治意识。三是开展党员、干部素质能力提升培训。提升村干部、网格长依法调解各类纠纷能力，规范调解工作，切实防止矛盾纠纷恶化升级，在不超越法律底线的情况下，最大限度维护当事人的合法权益。四是结合本村真实案例，编排内容丰富多样、通俗易懂、生动诙谐的法治文艺节目，通过庙会文艺活动予以展现，用村里事教育村里人，让法律和法治观念家喻户晓、深入人心。五是权力运行程序化。村里的大小事，实施“一事一议”“六议两公开一监督”工作机制，采取文字记录、图像、录像等方式，全程记录，存档备案。六是围绕枣文化，加强一村一警与律师联系机制建设，设置法律明白人，结对帮扶，创建法律援助服务“绿色通道”，为村民种枣、加工枣、销售枣等诸多环节提供法律服务支持和保障。

（六）六种手段强智治

一是全村安装视频监控探头 13 个，村庄主干道路和公共要害场所全覆盖，节省了大量人力、物力、财力，有效预防震慑偷盗、抢劫、聚众闹事、打架斗殴等行为。二是通过视频联网，实现村委与县镇综治中心互联互通，实现联防联控、共建共享，完善提升基层社会治理效能，对于打击、防范和威慑违法犯罪，起到十分重要的作用。三是文化广场安装 LED 大屏幕，常年开展党的政策和法律法规宣传，传递经济社会发展与“三农”相关信息，服务乡村政务、治安管理；四是依托综治信息平台，全村按照网格精细化管理要求，分设 1 个网格总长、3 个网格长、10 个网格辅助员，把姚村划分为南北两片，通过 10 个网格与 147 条巷道的细化管理，来确保村庄综合治理工作扎实有力开展。五是人防技防相结合，提升全村治安防范能力。全村共有 12 个专职巡逻队员和 320 个义务巡逻队员，较好地落实了“我为他人值一天，别人为我值一年”的群防群治政策。六是适应新形势，村支委建立了 13 个微信群，利用“互联网 +”，分类指

图 5-4　姚村开展走访慰问活动

导，实现对网格微信团队智能化、高效化管理，做到第一时间发现、第一时间介入、第一时间处理突发事件。

三、经验启示

姚村“六六共治”是乡村自治探索典范之一，可圈可点之处有三。

（一）突出“政治”引领，凝聚基层治理合力

以提升组织力为重点，不断提升村党组织建设制度化、规范化、科学化水平。坚持“组织建在网格上、党员融入群众中”原则，切实把党对农村治理工作的领导延伸到基层的每个角落，有效解决了落不细、抓不实的问题。以党小组为基础单元，凸显党员职责和身份，鼓励党员发挥能力特长，在乡村治理中发挥先锋模范作用，积极参与乡村治理、环境卫生整治、帮困扶困等重点工作，亮身份、

践承诺。

（二）深化“自治”实践，增强乡村治理动力

严格落实村规民约、村民议事制度、道德评议制度、村警联系禁毒禁赌、红白理事会章程、新乡贤理事会章程六方面制度，完善村务监督、民主评议等制度，落实村民委员会定期向村民会议、村民代表会议报告工作制度，提升村民参政议政热情。同时成立群众议事会、道德评议会、红白理事会、禁毒禁赌会等自治组织，充分发挥“一约四会”积极作用，聚焦移风易俗、社会治安、民生保障等内容，结合村庄实际修订完善村规民约，为村庄治理提供了制度保障。

（三）深化“法治”建设，营造乡村法治氛围

抓实法治宣传教育，配齐村级法律明白人，以普法宣传、司法援助等方式延伸农村法律服务触角，提高群众尊法学法守法用法意识。开展平安建设、国家安全、反邪教等法治宣传教育。坚持和发展新时代“枫桥经验”，纵深推进扫黑除恶专项斗争，党员主动学习国家和省、市、县各类政策法律法规，专门进行培训提升，坚持村内入户巡查、矛盾化解和党员脱贫帮扶等工作，大力完善综治网格长负责政策宣传、社情民意收集、矛盾纠纷调解等工作机制，实现小事不出村，大事不出镇，矛盾就地化解。

（四）狠抓“经济”建设，深耕产业发展基础

为了解决好板枣质量提升问题，姚村成立板枣研究所，走依托科技进步谋发展的道路。板枣合作社负责生产，板枣加工企业把农产品升级为工业品提高利润附加值，自有汽车运输队伍负责为客商运送板枣和板枣加工产品，营销方式也是线上电商、微商与线下门店相结合，更有130多人的经纪人队伍为村内板枣生产加工企业提供销售等中介帮扶服务。围绕板枣产业化发展，可谓面面俱到、环

环相扣。板枣经济的成功，为姚村“六六共治”治理模式的探索和走向成熟提供了坚定物质基础和源头活水。

第三节 小网格激发大活力——寿阳县黑水村

在山峦绵延、松柏林立的鹿泉山下，一个不足千人的村庄——山西省晋中市寿阳县平头镇黑水村，成为远近闻名的“乡村客厅”、网红旅游村。曾经，黑水村因缺少支柱产业，年轻劳动力大都外出务工，村里只剩老弱妇孺。是什么促成了黑水村的蝶变？基层党建网格化建设不能不说是起到了关键作用。

一、基本情况

黑水村位于山西省晋中市寿阳县平头镇西侧，背靠有 20 万亩森林覆盖的省级森林公园鹿泉山，旅游公路穿村而过，总面积 4.05 平方千米，耕地面积 4488 亩，辖 10 个自然村，全村 372 户 900 余人，现有党员 46 人。该村交通便利，地理位置优越，距太原 32 千米、榆次 25 千米，紧邻榆次、太原辖区两大 3A 级旅游景区，位于太原的半小时经济圈范围内。随着太原东二环高速（鹿泉驿站）、东山隧道建设，黑水村到太原车程仅需 15 分钟。在这样一个区位优越、生态环境得天独厚的古村落，不仅非物质文化遗产项目保留丰富，同时还完好保存了国家级文物保护单位元代建筑福田寺和国家级非物质文化遗产傩舞“爱社”，兼具了生态产业特色和历史文化特色，是发展旅游业和避暑度假的上选之地，未来发展潜力巨大。

很长一段时间，由于规划管理滞后，这里的村容村貌和人居环境不容乐观。街道破损、尘土飞扬，环境“脏乱差”明显；民居老旧、散乱无序，房前屋后违建十分普遍。面对村庄“空心化”严重、党员发挥示范作用不明显、村民凝聚力不强的问题，2020 年开始，黑水村在建强党支部的基础上，全面推进网格治理，通过划小治理单元、整合干部职能、明确经费保障、强化数据支撑，持续推进自治、德治、法治有机结合。

黑水村将全面整治农村人居环境作为打响乡村振兴第一场硬仗。坚持系统推进、全域整治，坚持因村制宜、分类施策，乡村环境面貌发生了颠覆性改变。现在的黑水村摆脱了过去“脏乱差”的标签，摇身一变，成为“国家森林乡村”和“全国乡村治理示范村”。

黑水村不仅仅是村庄面貌焕然一新，村民的精神面貌也大为改观。过去黑水村的村民苦于没有出路，只有面朝黄土背朝天，仅靠种植玉米、蔬菜、杂粮等维持生计，年人均收入 6000 元左右，农民农作辛苦且收入低。乡村振兴和“五地一产”入市改革成为黑水村的转机，依托路桥集团苗木基地和物流园区建设，全村的耕地全部流转，仅此一项人均增收 2700 元，村集体增收 200 万元。村民从土地上解放出来就近打工、发展乡村旅游、成立合作社和公司等，增收渠道更加多样化。目前，村民年人均收入可达 18000 元左右。

二、主要做法

黑水村坚持改革驱动，在建强党支部、抓好党建的基础上，推进全科网格化治理的实践，激活了乡村振兴的一池春水，也得到了广泛认可。

（一）建好网格聚合力

“有困难，有问题，有矛盾，找网格长。”这已成为黑水村人的共识。

为建好网格，黑水村将现有的 372 户村民按照“茶余饭后可达，房前屋后兼顾”的原则，划分成 10 个网格。按照网格内满 3 名党员可成立党小组，不满 3 名党员的网格联合成立党小组的要求，成立了7个“院落党小组”的微阵地。党小组长作为党员“政治引航员”，职责细化到召开网格党小组会议、组织党员学习、组织网格内成员交流、议事、分享和服务群众，主动亮身份、亮承诺、亮作为，争当履职尽责标兵，做好联系户的日常管理和服务工作，实现了党小组建在网格上，通过“党建+网格”的模式，以点带面，确保“小问题不出格，大问题不出村”。

同时，黑水村整合干部职能，由村“两委”成员担任网格长，整合综治、护林等16类社会化服务人员纳入网格，进一步提升网格队伍的整体素质。每年为网格长安排8000元工作经费，实现了干部、工作、经费全部进网格。

在此基础上，黑水村积极推进信息化数据平台建设。网格长手机终端通过“网格通”APP，采集网格内村民的家庭、土地、房屋、产业、就业、健康、需求等7类132项信息，全部录入“基层社会网格化管理指挥平台”，动态掌握每户村民状况和各项工作进展，为科学决策、精准服务提供依据。

网格长既是宣传员、组织员，也是调解员、服务员。网格长定期要对辖区住户进行走访，动态了解各户情况，运用信息化手段，使各类矛盾和隐患发现于早、解决于小，做到真正打通服务群众的“最后一百米”。

（二）用好网格谋发展

治理网格划好后，黑水村首先想到的就是要把党员组织起来，安排党员网格长兼任党小组长、党史学习教育联络员。让村干部全部下沉到网格，一切工作进支部，一切工作到网格，实现了“党史学习到支部，党史教育进网格”的党史学习教育工作格局，以化整为零的方式开展学习，并同步加强与流动党员的沟通，把党员有效地管理起来。如：2019年晋中市与山西路桥集团合作，以黑水村为核心，建设4万亩苗木体验基地项目。村支部计划通过盘活土地资源的方式，鼓励群众流转土地、劳务务工，与企业实现利益共享。但是，起初村民对这一项目的热情并不高，纷纷质疑："我们这儿穷乡僻壤的，能有人来旅游吗？再把土地交出去，以后可怎么生活？"为消除大家的后顾之忧，村支部充分利用党建网格，讲政策、算收益、看前景，一遍遍的思想工作做下来，群众的心里渐渐敞亮，不少村民配合村里主动进行了土地流转，为项目落地打下了基础。但是，还是有农民解不开心里的疙瘩。面对群众的怀疑，党员赵海荣第一个签了土地流转协议，由此打开了苗木项目推进的新局面。

除产业项目外，黑水村还充分发挥网格在听取群众意见、了解群众困难、解决群众诉求方面的"探头"作用，推动基层党建与社会治理同频共振。通过网格内党小组的积极工作，党员的先锋模范带头，以及村里评选出的"最美家庭"和"好村民"的引领作用，村民间的矛盾纠纷协调工作大多在网格内就可以得到化解。

群众有什么事第一时间找党员、找组织，党小组的作用得到了切实发挥。从2019年的拆违治乱、土地流转、改水改厕，到2020年完成"鹿泉小镇"项目，黑水村20天签订176户拆迁工作协议，依靠的正是村党支部坚强的战斗堡垒作用、领导核心作用、党员的先锋模范作用和网格长带领全体村民冲锋在前的表率作用。

（三）引领带动促振兴

"干群拧成一股绳，共同走好振兴路。"这是当下黑水村人共同的心声。

为走好乡村振兴路，黑水村把深化农村产权制度改革作为乡村振兴的突破口，紧紧抓住山西路桥集团入驻平头镇的发展机遇，加强深度合作，在村党支部的领导下，各网格长以身作则，带动大家将全村 4000 亩土地流转给苗木培育基地项目，实现村集体每年增收 45 万元。通过清理一户多宅、废旧宅基地，整合凋敝小组集体建设用地 234.8 亩，与路桥集团合作开发“鹿泉森林康养小镇”项目，预计村集体可增收 280 万元。同时黑水村党支部联合邻近的 8 个党支部，成立了劳务派遣公司等市场主体。这些市场主体通过技能培训，让村民实现持证上岗，推动了黑水村主导产业由一产向三产的快速升级。由此，帮当地农民开辟了土地流转财产性收入、劳务派遣工资性收入和旅游服务经营性收入 3 条增收路径，帮助当地农户实现户均年增收 3.5 万元。

如今，黑水村村民的腰包鼓了，想法也在变。村里举办各种活动，再也不用动员了，村民都踊跃参加；大家开始自觉参加环境整治，家门口打扫得一尘不染，还种满了各种花卉。2019 年，黑水村先后被评选为“国家森林乡村”和“全国乡村治理示范村”。2020 成功申报山西省 3A 级旅游乡村，荣获基层党组织建设先进集体等荣誉称号。

（四）深化改革强动力

近几年全村在村委的带领下精心打造鹿泉小镇项目。鹿泉小镇是集生态康养、休闲旅游于一体的经济繁荣、资源节约的特色小镇。积极培育北方乡村特色民宿、精品度假酒店、民俗文化非遗文化传承体验、地方特色美食等内容，形成综合开发型康养产业基地。它是落实晋中市“五地一产”入市改革政策的样板焦点项目，更是深化农村产权改革的具体体现，成为实现乡村振兴的突破口。

所谓“五地一产”就是：集体非承包耕地、林地、四荒地、宅基地、集体经营性建设用地和集体经营性资产。鹿泉小镇项目采用的就是通过清理一户多宅、废旧宅基地，整合凋敝村小组，以调整的方式整合集体建设性用地 234.8 亩作为小镇建设土地，而能够实现小镇可持续发展的重要产业支撑就是位于小镇北（黑水村内），与小镇无缝衔接的太原东二环高速旅游服务区“鹿泉驿站”。它既能满足高速公路司乘人员的休憩、休闲、购物功能，又为鹿泉山旅游线的过往游客提供休息、购物场所，更将成为太原市半小时周末度假休闲生活的卫星区域及辐射寿阳等周边地区的城市休闲综合体。

鹿泉驿站把主体建筑营造在水域环境中，有别于太原其他类似项目的识别度。通过采用大面积玻璃、老料石材的装饰，以新中式的建筑手法，融入山西特色人文景观，重点打造传统古建筑、水中塔影、曲径老桥、观景茶庐等文化建筑元素，整体营造中央文化水景，汇聚人气，传达“康养”理念（豁达、禅静、安宁、养生），藏风纳气。围绕中央水景，周围设置休闲购物、住宿、特色餐饮、中央餐厅、公共卫生间等服务功能区域。环境打造不跟“山西大院”之风，着重提炼山西传统禅意文化精髓，让传统文化与当代生活有机结合，正能量传播山西的人文文化、环境的可持续发展。通过其整体建筑及景观的无缝对接，营造老少咸宜的景观度假式服务区模式，成为未来“鹿泉森林康养小镇”的综合休闲购物区。鹿泉驿站服务区与鹿泉小镇融合互补的区位衔接设计将为鹿泉小镇持续引流，为其能够持续发展提供坚实的产业支撑。

鹿泉小镇的运营预计增加黑水村集体经济收入 1500 万元，可带动村民增收创富 267.6 万元，预计吸纳本村及周边村组的闲散劳动力 350 余人，每年人均可增收 3000 元。

三、经验启示

由过去远近闻名的落后村到今天的乡村振兴示范廊带上的一颗明珠，每一处改变都是黑水村振兴路径的不断探索。最值得总结的是黑水村真正把网格打造为群众工作最前端的哨岗、农村工作最坚实的阵地，探索构建起网格化的基层组织运作体系。这一体系，为村庄产业发展发挥了关键作用，切实将基层党建网格化管理与村庄发展、乡村振兴密切联系在了一起。

(一)坚持规划引领，确保科学指导

习近平总书记强调，“要科学把握乡村的差异性，因村制宜，精准施策”。黑水村在改造初期，就专门制定了生态康养体验区、全域旅游先导区、融合发展样板区的多重目标。聘请了国内一流专家团队，编制片区总体规划和生态建设、乡村风貌、产业发展专项规划。秉承“看得见山、望得见水，记得住乡愁”的理念，在原有建筑风格和历史风貌的基础上，采取设计、施工、管理一体总包、整体推进的 EPC 方式，不搞大拆大建，不改变乡村风貌，最大限度保留了区域特色。

(二)坚持全面整治，扮靓乡村颜值

按照县委提出的“五全五要”(即“违建全拆除、旱厕全改造、街巷全硬化、污水全入网、垃圾全收集”和“取暖要清洁、庭院要整洁、网络要连通、空地要绿化、村落要美丽”)标准整体推进。整村累计拆除私搭乱建、小散乱污、有碍观瞻的临时建筑共 27 处 6000 余平方米，做到了违建清零，清理四堆 176 处。完成硬化 2.7 万平方米，完成建设污水管网 4100 米、通信管网 4700 米、电力管网 5100 米、自来水管网 3700 米，新建小景点 11 处、绿化面积 3.5 万平方米。实现了垃圾“村收集、乡转运、县处理”，人居环境发生了质的改变。新设计修建的 1986 平方米党群服务中心包括办公场所、村民议事、游客接待、培训学校、医疗卫生、日间照料、代表联络等主要功能，生态宜居的美丽乡村样板村基本成形。

(三)坚持产业带动，打造致富根基

依托山西交控集团，村民的耕地全部流转给苗木体验基地，每亩耕地每年流转费用为 1100 元，流转期限为 10 年，流转费用一次性兑付农户。广大农户通过土地流转增收创富的同时，从耕地解放出来的富余劳动力为项目方提供苗木种植、养护等务工服务，实现“土地流转＋务工”的“双增收”，户均增收3万余元；针对地处鹿泉山寿星文化休闲度假旅游区核心地带和太原都市后花园的优越区位优势，紧邻307国道、太原东二环高速、东山隧道的交通优势，鹿泉山森林茂密和苗木绿化基地树木葱茏的生态优势，以及清凉无暑的气候优势，以打造寿阳乡村旅游示范村为目标，大力开发民宿旅游，走出了多渠道带动农民增收，实现乡村产业振兴的新路子。

（四）坚持党建引领，提升乡村治理

从强化支部战斗堡垒作用入手，从抓班子建设入手，进一步树立全村上下一盘棋思想。广泛发动全体党员群众参与乡村振兴，以“两委”干部和党员为基础，将全村所有农户划分为10个网格，整合人力、物力、财力资源，对护林防火、计生、综治、安全进行全面统筹，把群众所需服务带入网格，“零距离”服务群众，把基层管理真正放在网格上，确保治理的科学性和有效性，第一时间推进晋中市二十五条和县十项措施在农村基层的实施。坚持“六化提治”，即数字化编户、信息化监测、多元化服务、动态化管理、差异化考核、民主化监督，以网格化管理提升支部组织力，以信息化支撑提升工作精准度，以经常化入户提升群众亲切感，实现了管理无空白、服务全覆盖。充分发挥了党组织的核心领导作用和党员干部的先锋模范作用，彻底扭转了黑水村多年来全县问题村、矛盾村的负面形象和被动局面，干部群众主动作为、干事创业热情空前高涨。

（五）坚持融合发展，弘扬乡村新风

黑水村先后挖掘整合了国家级非物质文化遗产“傩舞”“耍叉”等，投资600万元新建了集非遗展示、游客服务、党群服务、便民

图 5-5　寿阳县平头镇黑水村活动广场

服务等功能于一体的综合服务中心，组织了“农耕主题文化展”“寿阳县非遗文化展”。同时，以新时代文明实践站建设为契机，深入开展道德模范、最美家庭等精神文明创建活动，推动社会治理重心向基层下移，实现了“零上访、零事故、零案件”。规范村级便民服务点，实现了27类54项便民服务“一站式”代办。重新修订完善村规民约，增加了婚事新办、丧事简办、殡葬改革等内容，教育引导群众移风易俗，实现“德治、法治、自治”三治融合。

第四节　党建领航赋能乡村振兴——清徐县杨房村

近年来，杨房村坚持将党建引领作为助推乡村振兴的“第一抓手”和“红色引擎”，突出夯实基层基础、积极谋划特色产业，大力发展集体经济，不断把党的政治优势、组织优势转化为推进乡村振兴的力量优势，绘就了宜居、宜业、宜游的“杨房画卷”。

一、基本情况

杨房村，因隋朝大臣杨素曾在该村扎营而得名，位于清徐县南部15千米处，南接晋中市祁县，是太原市的南大门。全村现有708户，在籍人口1836人，常住人口3500余人，耕地面积3940亩。村民主要以食醋产业、大棚蔬菜种植和商业为生。2020年、2021年集体经济收入分别为23.6万元、53.5万元，2022年集体经济收入突破100万元。

杨房村虽然不是清徐县里最大的村子，但因为水塔集团就在杨房，全国各地来参观、订货的人天天都有，流动人口多。杨房村立足自身的区位优势和产业优势，以村庄治理为目标，干部带头、村民全员参与，把工作干到实处，形成共治共建共享的治理模式，取得明显的效果。这几年，村集体硬化了18千米道路，绘画了5000余平方米墙面，竖起300余杆太阳能路灯，铺设了2.7万米安全饮水管道，解决了4000余人吃水难、饮水安全问题，村民的幸福感和获得感不断增强。他们立足发展食醋特色配套产业，以“农业现代化、环境生态化、乡村景区化、村庄社区化”为目标，以醋文化为基础，围绕“醋产业集聚区、醋文化旅游区、设施农业示范区”的多产业融合发展格局，打造了集田园功能、智能示范、旅游采摘、文化赋能、三产融合于一体的千亩城郊农业示范区。集中流转全村设施农业土地100余亩，高标准建成28座日光节能温室，探索立体栽培模式，现代设施农业设备纷纷“走”进大棚，设施农业科技水平明显提高，三年来累计创收百万余元。

杨房村先后荣获“2017年山西省美丽乡村”“2018年太原市平安示范社区（村）”“2018年山西省美丽乡村示范村”“2018—

2019年度太原市文明村”。2018年被定为中华人民共和国财政部的农村综合性改革试点试验项目村。2019年入选山西省首批100家3A级乡村旅游示范村，获“太原市美丽宜居示范村”荣誉称号。2021年2月被选树为2020年度全省50个标杆村党组织之一，2021年11月杨房村（食醋）入选第十一批全国“一村一品”示范村镇，杨房村入选全国乡村特色产业亿元村，入选第二批全国乡村治理示范村。被评为山西省2022年度村级集体经济发展“先进村”。

二、主要做法

作为农村基层治理的“神经末梢”和“主阵地”，杨房村以抓党建促基层治理能力提升专项行动为契机，抢抓机遇，积极创新，推动具体举措在基层开花结果。

（一）聚焦政治建设，组织力量“强起来”

村党支部坚持把党员教育管理抓在日常、严在经常，巩固深化“不忘初心、牢记使命”主题教育成果，不断推动党支部标准化规范化建设。强规范狠抓制度落实，严格执行“三会一课”、主题党日、值班坐班等制度，明确“两委”干部责任分工，确保人人有专责、事事有人管、处处见规范。抓学习提升素质本领，引导党员干部利用“学习强国”“三晋先锋”等开展自主学习、线上交流，结合履职情况开展季度评比，不断激发党员的学习和工作热情。开展党员设岗定责，组织党员担任片区组长，负责联系群众、环境监管等工作。党员带头签订土地收储补偿协议，带头坚守疫情防控一线，带头开展志愿活动，在各条战线第一线，都能看到党员的身影，他们用实际行动诠释着党员的初心和使命。强培养促力量提升，注重加强村后备干部的发现与培养，吸收2名年轻优秀人才参与村内事务管理，5名村“两委”干部和后备干部主动参加学历提升工程，不断夯实支部工作力量，带领群众“智富”更“致富”。

（二）聚焦服务民众，幸福指数“提起来”

树牢一切工作到支部的鲜明导向，始终把提升群众的获得感、幸福感和安全感作为工作的出发点和落脚点，围绕中心工作和群众需求，全力推进支部各项工作。大力开展基础设施建设，充分发挥党支部组织力，多次召开支部会议研究道路改造、饮水安全等民生事宜，硬化、亮化、绿化、美化醋都路和商业街，统一改造沿街门面房顶4000余平方米，立面改造4000余平方米，植树500余株，安装太阳能路灯313个，解决了醋都路坑洼破旧的状况，彻底改变了商业街脏乱差现象。新建防洪池等排退水设施，更换全村饮用水管道，推行煤改气，解决了村民多年来关心的排退水、村民饮水安全及农业灌溉等问题。提档升级党群服务中心，设置党员活动室、卫生所、图书室等，充分发挥党员教育、文化活动、培训服务、办事服务等作用，让党员、群众愿意进来、留得下来，打通了服务党员、群众的“最后一公里”。

（三）聚焦产业发展，民众日子“好起来”

村党支部坚持把带领党员群众致富增收作为检验工作成效的标准，以区域优势为基础，大力发展壮大村级集体经济。围绕醋产业做文章，依托水塔醋业，发展壮大食醋特色配套产业，盘活多年闲置的钢模板厂，改造升级为纸箱加工厂，探索村集体折资入股、企业经营管理的模式，点燃发展壮大集体经济的动力引擎。聚力发展新型农业，以财政部农村综合性改革试验试点、乡村旅游示范村为契机，打造以醋文化旅游为基础，集果蔬采摘、农业观光、农事体验、科技展示等于一体的千亩城郊绿色高效农业试验区，三年来累计创收近百万元。深入推进农业供给侧结构性改革，加快培育农业农村发展新动能，扩杂粮、强设施的同时，村民通过土地流转获得收入，剩余劳动力服务于企业或园区建设，通过获得双份收益，实现村民持续增收致富。

三、经验启示

实施乡村振兴战略以来，杨房村坚持“五治”融合治理，不断健全完善党支部领导、村委会主导、群众参与、法治保障的社会治理体系，构建了全民共建共治共享、群策群力的乡村治理新模式。

（一）坚持政治为领，提升乡村治理凝聚力

杨房村在李刚虎同志的带领下，狠抓党组织建设，明确责任分工，确保人人有专责、事事有人管、处处见规范。同时该村党组织还注重加强村后备干部的发现与培养，吸收年轻优秀人才参与村内事务管理，村“两委”干部和后备干部主动参加学历提升工程，不断夯实支部工作力量，带领群众“智富”。注重形成群策群力的良好氛围，充分发挥党员的先锋模范作用，努力提高服务村民的能力和水平，以无职党员设岗定责活动为载体，组织党员担任片区组长，负责联系和服务群众，集思广益，增强了党组织的凝聚力、战斗力，提高了党组织在群众心中的向心力。

（二）坚持自治为基，激发乡村治理原动力

健全民约制度。修改完善村规民约，建立红白理事会、道德评议会、禁毒禁赌工作机构等完善村民自治，抵制社会不良现象。严格执行“四议两公开”议事决策程序，凡是涉及村民切身利益的重要事情和村民共同关心的热点问题，比如重大项目工程集体资产、资源对外承包、承租、大额资金支付、低保、扶贫救助等惠民政策享受对象的评议确定等事宜，都严格按照程序组织实施。强化民主监督。经“四议两公开”表决通过的事项，首先在村务公开栏公开，上报镇党委政府审核备案后，最后交由村委会组织实施。村委会实施过程中，村监会全程参与监督。

（三）坚持法治为本，增强乡村治理保障力

大力开展矛盾纠纷排调。变被动调解为主动调解，及时掌控矛盾纠纷，建立台账，积极化解。公共法律服务室设置了太原市公共法律平台、配置了法律图书，免费对村民开放，使村民真正养成遇事找法、解决问题靠法、严格依法办事的良好习惯。开展经常性宣传。利用学校教育、村民代表会议、文艺小分队等多种场所和形式大力开展普法宣传，努力提高群众的法治意识，提高村民的自律、自治和自我保护能力。

（四）坚持德治为要，激活乡村治理内生力

压实“门前三包”责任。对履行责任落实不力的，通过下达整改告知书、公开曝光等方式强化督促整改。将“文明家庭”“最美庭院”“文明经营户”评比形成常态化机制，将结果通过广播、微信群、风采榜予以公布，身边人教育带动身边人，实现全民参与，助力环境卫生整治巩固保持。全力推进乡风文明建设，每年组织消夏晚会、全民健身、社火表演等娱乐活动。节日期间慰问 80 岁以上老人及 60 岁以上老党员、老干部，及时送去组织的关心与温暖，党支部的凝聚力和组织力不断增强。

（五）坚持智治为先，强化乡村治理助推力

全面实施网格化服务管理。建立了由村干部、党员、公益性岗位人员等组成的网格化管理信息员队伍，全天候、全方位收集、掌握村内治安形势状况，确保发生突发案事件时能够在第一时间掌握相关信息，为高效处置、侦查破案、纠纷调处等提供信息支撑。坚持把带领群众致富增收作为检验工作成效的标准。以“醯头醋口，古村杨房”为形象口号，融合农文旅，贯通产加销，打造食醋文化、农耕文化相结合的休闲旅游新业态。扩杂粮、强设施，建设千亩城郊农业示范区，三年来累计为集体创收近百万元。村民通过土地流转获得收入，剩余劳动力服务于企业或园区建设，通过获得双份收益，实现村民持续增收。

（六）坚持产业支撑，增强乡村振兴根本力

杨房村以乡村振兴为契机，立足发展食醋特色配套产业，以“农业现代化、环境生态化、乡村景区化、村庄社区化”为目标，以醋文化为基础，打造了集田园功能、智能示范、旅游采摘、文化赋能、三产融合于一体的千亩城郊农业示范区。示范区项目建设总面积1000亩，总体规划布局为：74亩葫芦园休闲观光区、126亩设施农业科技展示区、685亩特色杂粮高效示范区、115亩果树栽培区等四大板块。目前建成28座高标准日光节能温室，高效保温棉被、高效节水灌溉技术得到广泛应用，立体栽培模式开始尝试，现代设施农业设备纷纷“走”进大棚，基本实现了温室大棚智能化。

项目实施以来，杨房村着力推行“1234”运作模式，探索出一条“村集体＋农户”的产业振兴之路。

“1”是聚焦一个目标。聚焦乡村振兴总体目标，遵循四性（休闲、智能、高效、示范）四区（休闲观光区、科技展示区、特色杂粮区、果蔬栽培区）建设定位，围绕农业增效、农民增收，大胆创新体制机制，实现产业一体化布局、设施一体化建设，确保千亩城郊农业示范区建设高标准、高质量推进。

“2”是两位一体运作。实行“村集体＋农户”运作模式，村集体主要负责土地流转、项目规划、设施建设、技术服务、产品营销等环节流程；农户通过租赁方式，以生产种植获取农产品收益。两个主体各司其职、密切协作，形成运转高效、共赢互惠的有机整体。

“3”是创新三个一流。项目实施以来，示范区致力打造“指尖上的农业”，着力提升设施蔬菜的智能化、智慧化生产水平，引进综合应用水肥一体化、智能化控制、绿色防控、补光等技术，初步实现“设施一流、智能一流、效益一流”三个目标。始终紧扣观光葫芦、特色杂粮、优质果蔬三大特色，在品质上下功夫，打响“杨房情怀”品牌，在销路上谋划，实行产品统一订单销售，促进农户年均增收 20%。

“4”是实现四个带动。示范区的建设运营，实现了“四个带动”：带动土地流转，2020 年，杨房村共集中流转土地 1000 余亩；带动产业发展，在持续推进绿色高效种植农业的同时，大力建设葫芦园、种植四季果、开办农家乐，着力发展休闲观光农业，提升产业附加值；带动集体增收，村集体收取菜农每户每年 5000 元管理费，每年可为村集体增加收入 14 万元；带动群众致富，农户除去土地租金收益外，通过入园打工、租种作物，实现了“家门口”就业致富，温室单棚年收益可达 10 万元以上，初步形成了农民增收、集体经济提质增效的双赢产业发展路径。

图 5-6 杨房村设施农业科技展示区高标准温室

图5-7 杨房村葫芦园

目前，杨房村已形成了“醋产业集聚区、醋文化旅游区、设施农业示范区”的多产业融合的格局。

第五节 从“利出一孔”到“力出一孔”——夏县水头村

水头村坚持强引领、激活力、塑精神、增福祉，不断完善农村社会治理机制，激发群众参与乡村治理的内生动力，实现了基层组织大作为、产业发展大变样、村风民风大提升、村容村貌大改善。

一、基本情况

水头村位于侯平高速夏县出口处，是水头镇政府所在地。水头之名，与涑水河有关。传说村中原有一块高地，叫河崖，涑水河从上游流到此处时，受到河崖阻挡，水向南北两向分流而去，故称水头，后居住人渐多成村，为水头村。水头村位于侯平高速夏县出口处，陇海铁路、大西高铁，大运高速路、大运二级公路都从旁而过，交通便利。全村东西长 5 千米、南北宽 2.5 千米，方圆 12.5 平方千米，共有 10 条主街道。全村共有 8 个自然村，20 个村民小组，1300 户居民，5300 余人，6430 亩耕地。主导产业有大棚西瓜、有机蔬菜、蒸馍等。水头村辖区内设有多所幼儿园、小学、中学，设有邮政、农村商业银行等金融机构，以及各类商铺饭店等服务门店。

过去，各村民小组各据一方、“各自为政”；现在，全村拧成一股绳、上下一盘棋。现在全村已实现自来水全覆盖、天然气全覆盖；镇区雨污分流已基本完成，还剩 2 个自然村，现在正在改造厕所。村里先后开了 3 条新路，建设了将近 50 亩的涑水公园；老街马上要进行三线入地，镇政府和村委会协议已签，准备开工。村庄街道安装 100 个高清摄像头和 1 个大屏幕；兴建了 1200 平方米的新时代文明实践站，具备文化、体育、展览、电商、直播间几大功能。邀请电商免费入驻，打造电商小镇，吸引老百姓在网上做生意；在南关街道兴建商贸房 100 间，改造立面 10000 平方米，每年可为村集体增加收入 12 万余元，还建了养老院、公厕等基础公共设施。以文旅融合循环圈为依托，发展花卉种植产业 500 亩，在村南建设占地千亩有机蔬菜现代农业产业园，在村东建设 2000 亩优质大棚西瓜现代产业园等等。经过整修和治理的涑水河，青砖堤围、焕然一新，成了一道美丽的风景线。水头村先后被评为全国新农村建设重点推进村，2019 年省级美丽乡村建设试点村，2020 年全省标杆村党组织，2021 年全省先进基层党组织、山西省民主法制示范村、运城市“五面红旗”创建示范村，夏县“四片两带”美丽乡村片区建设的重点村。

除了种植蔬菜、水果外，水头村主要以种植小麦、玉米为主，小麦的种植面积有 2000 多亩，占到总耕地面积的 30%，亩产量最

图 5-8 水头村涑水西街集体经济门面房

高达到 1300 多斤。该村做的馒头也是远近闻名，是有名的“面点之乡”。水头村立足自身优势与特点，成立馒头协会，注册“夏都馒头”商标，引进现代馒头加工设施，承办夏县馒头文化节，做大做强馒头产业。水头村有一家名为“夏水果蔬面花工坊”的面花工作室，工作室的主人是一位叫姜莎的年轻姑娘。“面花”就是“花馍”，工作室的花馍全部为纯手工制作，原料全部采用新鲜优质面粉和新鲜果蔬，精心设计制作成各种造型精巧、形象逼真的花馍，具有营养性、食用性、环保性、可观赏性，通过线上线下渠道同步销售。她制作的果蔬面花作品《中国梦夏水情花束》在 2022 大国农匠面花制作大赛中荣获三等奖。

二、主要做法

从“利出一孔”到“力出一孔”，一个又一个的奇迹，由夏县水头镇水头村创造。这个由 8 个自然村、20 个居民组、近 6000 人组成的大型村庄，是如何实现上下同欲、乡村善治的？

（一）“三个注重”，夯实乡村治理“奠基石”

水头村坚持以农村基层党组织为领导，秉持乡村治理关键在人的理念，加强党建，严管干部，服务群众，有力提升治理效能。

一是注重发挥党建引领作用，凝聚乡村治理内动力。聚焦党建阵地建设，以“五面红旗”示范村创建专项行动为抓手，全面加强村党群服务中心阵地建设，完善村级各功能室，充分发挥各项功能职责，制定完善值班制度和工作制度，真正把党群服务中心建成党建引领乡村治理的红色阵地和服务党员群众的温馨家园。聚焦基层组织建设，推行各类村级组织向村党组织定期报告工作制度，明确 11 类村级组织，将各类优秀人才凝聚在党支部周围，牢牢守住党支部“主角”地位和“领导”地位。聚焦“头雁”建设，推行村“两委”干部“重点工作公开承诺、差异管理制、定期通报制、末位分析制、评先选优制”“一诺四制”管理办法，树立干部考核风向标，激发头雁内动力，有效提升基层组织领导力。

二是注重锻造党员干部队伍，焕发乡村治理新活力。强化教育管理。以政治建设为统领，通过开展“三会一课”、主题党日等活动，坚定党员干部理想信念，锤炼党性本色，厚植“红色烙印”，开展党员“三亮三比争先锋”活动，广大党员主动认领疫情防控值守岗、环境卫生管护岗、矛盾纠纷调解岗等十大服务岗位，2021 年以来，开展志愿服务 260 人次，解决困难群众生活难题 21 个，助推乡村治理，领跑乡村振兴。强化后备选育。实施“育苗”选培计划，把符合条件的优秀人才发展为党员，把优秀党员培养为村干部，着力破解农村发展党员无人可选、村班子后继乏人等难题。强化“五会”组织。吸纳农村各类乡土人才，健全红白理事会、道德评议会、乡贤理事会、矛盾调解会、禁毒禁赌会等“五会”组织机构，实现各项治理有组织、有章程、有活动、有效果，形成了“群众的事群众定，大家定的事大家遵守”的良性治理环境。

三是注重发展壮大集体经济，厚植乡村治理支撑力。创新模式，规划先行。召开座谈会，确定两种发展途径：充分发挥区位优势，有效盘活村集体资产资源，通过在中心街高标准建设商贸门面房租售增加农村集体经济收入；通过“党支部＋农户＋产业”模式，探索发展花卉种植产业500亩，实现涵养生态、美化乡村与集体经济提质增量的多赢格局。2021年村集体经济收入30万余元。创新管理，有效运行。结合村实际，确立了“大事村民共商、财务村民共管、红利村民共享”的管理机制，有效提升了村民的幸福指数。创新思路，提供保障。通过“走出去”参观学习其他县乡优秀先进做法，“请进来”

图5-9　水头村涞水河边道路硬化项目施工现场

邀请在外创业的成功人士回乡传授经验，不断提高党员干部致富、带富本领及在发展壮大村级集体经济中的模范引领作用，为集体经济发展提供了有力保障。

（二）“三治融合”，撬动乡村治理“大杠杆”

水头村不断健全自治、法治、德治相结合的乡村治理体系，纵深推进“三治”融合，提升群众满意度，夯实乡村治理基础。

一是重法治，建示范乡村。强化法治宣传。通过悬挂法治宣传条幅、编发宣传资料，制作宣传版面、宣传文化墙块、宣传长廊等方式，配备驻村法律顾问，开展法律明白人培训、开设农村夜校普法教育大讲堂、创新小喇叭大宣传等宣传方式，多举措开展法治宣传，营造“抬头见法、低头学法、遇事找法、解决靠法”良好氛围。推进“三零”建设。健全矛盾纠纷调处化解机制，织牢农村公共安全网，用好治保会、调解员、巡逻队、网格长、包村干警和心理咨询师六支力量，及时发现、就地化解矛盾，做到“抓早，抓小，抓苗头，把矛盾化解在村里”。确保了全村“零案件、零事故、零上访”，被评为全国民主法治示范村、山西省民主法治示范村。

二是强自治，促管理规范。推行网格管理。传承“枫桥经验”，设立 1 名网格长、7 个网格员，统筹网格内党建、统战、综治、人社、应急等 13 项工作，有序推动全科网格整合，打造一刻钟服务圈，实现了“人在格中走，事在网里办”的管理服务体系。聚焦“村里的事村民说了算”，探索实施“421”村务运行机制。“421”即“四议两公开一监督”。“四议”，党组织会提议、“两委”会商议、党员大会审议、村民代表或村民大会决议；“两公开”，决议公开、实施结果公开；“一监督”，村监会全程监督党务、村务、财务公开情况，实现了镇村党组织领导下的民事民议、民事民办、民事民管。

三是善德治，创文明环境。以优化村规村训为抓手，大力培育文明乡风。提炼形成了通俗易懂、节奏明快、朗朗上口286字村规民约，内容涵盖道德修养、环境保护、移风易俗、平安建设、乡村振兴等各个方面，引导村民反对陈规陋习，倡树文明新风。以建设新时代文明实践站为抓手，推动社会主义核心价值观深入人心。着眼于凝聚群众、引导群众、以文化人、成风化俗，牢牢把握传播新思想、引领新风尚的工作目标，紧紧围绕举旗帜、聚民心、育新人、兴文化、展形象的使命任务，成立书法、文艺、应急、防疫、体育、敬老等志愿服务小分队，依托党群服务中心和涞水公园广泛开展书法展览、馒头文化节、文艺表演等形式多样的活动，推动习近平新时代中国特色社会主义思想落地生根，筑牢乡村振兴的灵魂。以加强精神文明建设为抓手，培育良好家风村风。扎实开展“星级文明户”创建、“五好一文明”“十好五美”等评选活动，树立先进典型。评选“星级文明户”348户，先进典型20人。连续6年举办春节联欢晚会，把身边的好人好事、创业典型、发展事迹，通过寓教于乐的方式再现在群众面前，引导村民涵养家风、崇德向善，促使乡村形成见贤思齐的良好社会风尚。

（三）“三项机制”，画好乡村治理“同心圆”

一是健全便民服务机制。在全县率先建成集党员服务站、村民接待室于一体的党群服务中心，坚持村干部轮流值班坐班制度，实行首问负责、限时办结、一次告知等八项制度职责，方便群众各类诉求面对面、一站式得以办理解决。配齐了电脑、打印机、彩印机、投影设备、“法博士”机器人等办公设备，为群众提供“一门式办理”“一站式服务”，打通服务群众“最后一公里”，实现服务群众“零距离”。同时还吸收高校人才在村委会工作，整理归档村级资料纸质版，制作留存各类资料电子版，方便查找记录，提高工作效率。

二是创新“四诊四心”联系群众机制。“两委”干部上门“问诊”，全面了解村情民情、矛盾纠纷不稳定因素、群众吃住冷暖、群众愿望诉求，做服务群众的知心人；到户“坐诊”，在群众遇到生活困难、家庭有了纠纷、天灾人祸、重大节日时必上门走访，做服务群众的贴心人；联合会诊，对一时解决不了的问题，集体研究制定解决的办法措施，做服务群众的真心人；定期“回诊”，问题解决后，及时了解现状，做服务群众的热心人，不断增强群众的满意度。

三是完善治安防控和矛盾纠纷预防调解机制。通过实施牌子挂起来、喇叭响起来、红袖标戴起来、“天眼”亮起来、警民互动起来“五个起来”，构建社会治安防控体系。推行“四个一”工作法，即：突出“早”字，捕捉第一信息；突出“快”字，抢抓第一时间；突出“清”字，掌握第一手材料，做到底子清，情况明；突出“实”字，深入第一线解决，做到作风实，化解实。坚持每周开展一次矛盾纠纷大排查大整治，建立工作台账，明确化解责任，限定化解时限，确保“小事不出组、大事不出村、难事不出镇”。

三、经验启示

过去，各村民小组各据一方、“各自为政”；现在，全村拧成一股绳、上下一盘棋。村民们都说要不是靠着党支部、村委会，地里的菜都不知道卖给谁。从“利出一孔”到“力出一孔”，基层治理是篇“大文章”。

（一）夯实党建引领根基

党建引领是乡村振兴的指挥棒、定盘星。水头村把党建引领贯穿乡村振兴全过程各方面，为全面推动乡村振兴提供坚强保证，蹚出一条独具特色的新路子。一是以健全机制促进长效长治。二是以

图 5-10 水头村全科网格员在涞水公园开展日常安全巡逻

思想破冰引领发展突围。三是以资源融合强化保障支撑。四是以头雁效应激发雁群活力。始终坚持“围绕发展抓党建，抓好党建促发展”的思路，牢牢把握村集体经济发展整体优势，大胆探索发展壮大新型村集体经济新路径，全力破除经济发展痛点、堵点、难点，发展乡村产业。通过党建引领基层治理“强引擎”，突出基层党组织动员群众和带领群众致富能力考核，提升基层治理效能，也为农村经济发展注入“新活力”“新人才”。

（二）积蓄产业发展势能

水头村借助区位优势和产业基础，推进“一村一品”项目建设，利用涞水河生态修复机遇大力推进一二三产业融合发展，为村民增收致富打下了坚实的基础和发展势头。推进党组织领办合作社发展村集体经济，探索“党支部 + 合作社 + 企业 + 农户”发展模式，鼓励引导农民以土地、资金、劳动力入股，集中闲置资源，实现“土地增效、企业增产、农民增收”。打造乡村产业振兴新型标杆。

（三）完善基层治理制度

村内党建有定期报告制度等机制，村务运行有“421”机制，服务群众有便民机制，联系群众有“四诊四心”机制、排解矛盾“四个一”机制和“零案件、零事故、零上访”三零机制。水头村治理制度体系建设健全周密，操作性强，体现党建引领和村民自治的有效结合。“421——四议两公开一监督”村务民主运行机制是基层治理的保障。“四议”，党组织会提议、“两委会”商议、党员大会审议、村民代表或村民大会决议；“两公开”，决议公开、实施结果公开；“一监督”，村监会全程监督党务、村务、财务公开情况，实现了镇村党组织领导下的民事民议、民事民办、民事民管。

第六章 生活富裕

生活富裕是当前阶段实现共同富裕的基本形式，是实现全体人民共同富裕的必然要求。习近平总书记强调，要构建长效政策机制，通过发展集体经济、组织农民外出务工经商、增加农民财产性收入等多种途径，不断缩小城乡居民收入差距，让广大农民尽快富裕起来。

第一节　概述

乡村振兴，生活富裕是根本。让农民拥有持续稳定的收入来源，实现经济宽裕、衣食无忧、生活便利、共同富裕的美好生活，这是社会和谐的根本要求，也是实现乡村振兴的关键。

收入增加是生活富裕的源头活水。农民收入问题是“三农”问题的核心。习近平总书记强调：“农业农村工作，说一千、道一万，增加农民收入是关键。”农民增收致富和稳定就业的重要支撑依然是农业产业，大力促进乡村产业持续提质增收和实现农民充分就业，始终是摆在乡村振兴战略中的重点工作。要推动实现产业兴旺。各个乡村要立足于资源禀赋，着眼于产业兴旺的内生动力，大力发展特色、高效、优质、绿色兴村富民产业。同时，进一步深化农业供给侧结构性改革，推动农业产业转型升级，不断孵化新兴经营主体和农业产业新业态，进一步延伸产业链、提升价值链、完善利益链，通过深入推进“三变”改革等，持续推进农村集体产权制度改革，从而形成多层面发展合力，不断增加农民群众的家庭经营性收入、工资性收入、财产性收入和转移性收入，切实将实现生活富裕的根本目标有效贯穿于乡村振兴发展的全过程。

生活富裕需要各类主体齐心协力。通过乡村振兴实现广大农民群众生活富裕，需要把各方主体组织起来、各种资源统筹起来，形成整体合力。要充分发挥乡村党组织对于乡村真正的战斗堡垒作用，将党建工作与乡村振兴工作相结合，增强基层党组织的组织力、凝聚力、战斗力；要突出抓好党组织带头人队伍建设，选拔任用思想好、作风正、能力强的优秀党员干部，同时特别注重在致富能手、返乡创业大中专毕业生、回乡能人等群体中发展党员，培育一批党员致富能手带领村民致富。要发挥农民主体作用。必须坚持农民主体地位，充分尊重农民意愿，切实发挥他们的主体作用，把维护农民群众根本利益、促进农民生活富裕作为出发点和落脚点。要发挥各类人才支撑作用。在人才引进、培育、使用上，要创新人才机制，完善人才制度，提供充分平台，让更多的人才能够引进来、留下来，让人才能够在特色产业发展、集体经济壮大、乡村治理等各方面充分发挥专业技能、过硬本领，带领农民群众发家致富。

立足新时代，要直面广大农民群众对美好生活的需要和向往，从实现农民生活富裕入手，统筹兼顾“五位一体”总体布局，不断发展壮大乡村集体经济，不断创新“三农”经济发展运行体制机制，从全局的角度系统全面推进乡村振兴战略，切实将农村组织、产业、人才、文化、生态建设融入乡村振兴的全过程之中，逐步实现农业产业全面升级、农村社会全面深化发展、农民全方位奔小康的美好愿景，让广大农民群众过上更加美好的生活。

第二节　壮大农村集体经济
推动乡村共同富裕——平遥县左家堡村

近年来，宁固镇左家堡村坚持强化党建引领，通过党建产业联盟发力，探索出一条“农户土地入股，集体规模经营”的新路径，壮大了集体经济，增加了农民收入。

一、基本情况

左家堡村位于晋中市平遥县城西10千米处，省道汾屯线穿村而过，是平遥县宁固镇的东大门。汾河自北向南环流而过，交通便利，灌溉条件优越，区位优势明显。现有农户908户、人口2560人，其中常年外出务工人员1000余人，耕地面积4000余亩，其中集体机动地1300余亩，产业主要以种植业为主。

和许多农业乡村一样，左家堡村地处平川，资源禀赋不突出，产业以大田作物种植为主，农户各自为政经营土地，减损了有效耕种面积，农业生产经营相对粗放、单一，抵御自然灾害和市场风险能力较弱，村内青壮年劳动力大量外流，发展由此受到制约。近年来，左家堡村积极探索有效路径，以集体非承包耕地为基础，吸纳周边农户土地入股，将农业生产中的耕、种、防、收等环节全部由村集体经济合作社统一经营管理，实行集中化生产、规模化经营，拓宽村集体经济增收新途径，走出了一条“农户土地入股、集体规模经营”

图6-1 左家堡村农业生产环境

的新路径，不仅增加了农民收入，而且壮大了集体经济，大大提高了农民群众的获得感和满意度。

二、主要做法

左家堡村着眼提高生产效益、增加农民收入、壮大集体经济、提升治理能力、凝聚党群关系，在加强党对农村工作领导中积极探索促进人民生活富裕的有效路径，走出了左家堡村的乡村振兴发展新路径。

（一）支部领办合作社，吸纳农民变股民

左家堡村坚持村党支部领导，以集体产权制度改革为契机，成立了集体经济合作社。推行“党支部把方向、村委会主服务、合作社善经营”的三位一体体系，充分发挥集体经济组织“桥梁平台”作用，团结带领群众听党话跟党走，保稳定促和谐，闯市场同富裕。同时，实行村党支部书记、村委主任、合作社主任“一肩挑”，推行合作社统一经营，变分散的家庭经营为集体高效规模运营。左家堡村以500亩村集体土地为经营基础，通过发动党员带头入股、网格包户上门动员、政策宣传引导，吸纳农户以个人承包土地入股参与合作。集体经济合作社的成立，彻底改变了农民自耕自种、自给自足、自产自销式的面貌，组织方式由个体分散经营转变为集体统一托管。目前，全村有800余农户实现“土地入股”，占全村总户数近9成，由合作社规模经营的土地达到2100亩。在合作模式上实现了“集体融个体，村民变股民”。

（二）生产管理市场化，土地经营规模化

合作社按照“用专业人做专业事”的理念和企业化管理原则，积极对接央企中化先正达集团等农业服务企业，引入先进生产和管理方法，合理规划布局，划分地块探索多品种、多类型的种植模式，科学选配种、肥、药，对所有入股土地进行统一管理、统一规划、

实行农业生产“耕、种、浇、防、收、销”全产业链统一经营，打造“党支部＋集体经济合作社＋农户”三位一体规模经营示范区，力争激发最大的规模效益。通过土地规模化经营，打破田埂田垄，增加有效耕种面积，同步推进高标准农田建设项目，田间道路、灌溉水渠等设施配套得到完善，耕地“量”“质”双提升；打破生产无方，测土选种、配肥、施药更有针对性，生产效率提高，亩均生产成本由原来的每亩500元降到每亩350元；打破经营无力，农业生产经营能够统一有计划地组织实施，市场竞争力和抗风险能力明显提高，为推动集体经济持续发展壮大创造了基本条件。2020年，左家堡村集体经济收入达151万元，完成固定资产投资62万元，农民人均可支配收入达13820元。

（三）科学分配促增收，互利共赢促长远

通过实行“保底收益、盈余分红、服务公益”的分配方式，合理兼顾村集体、合作社、入股农户利益，实现三方共赢和长久合作。农户方面，每亩保底收益由500元增加到今年的650元，盈余部分与合作社按照6∶4的比例分红，亩均收益不足650元时，由村集体经济组织合作社兜底保障。合作社方面，获得村集体非承包耕地全部收益及40%盈余分红。村集体方面，将全部收益的40%用于合作社壮大发展和风险保障，30%作为全体股民积累，剩余30%交予村委用于服务村内公益事业，服务乡村治理。在分配模式上实现“集体兜底谋公益，个体得益享红利”。同时，所有生产投资和收入支出由村集体经济合作社会计管理，账目公开透明，接受村“两委”和入股农户监督，每季作物收获后及时进行分配，打消农户顾虑，提高农户信任度。集体经济合作社在农户土地承包经营权不变的前提下，通过“土地委托＋保底收益＋盈余分红”利益联结机制的方式，解决了该村外出务工的后顾之忧，实现了打工收入和土

图 6-2　左家堡村玉米收获晾晒

地收入“双丰收”。

左家堡村“农户土地入股，集体规模经营”的模式，是新时代巩固和完善以家庭承包经营为基础、统分结合的双层经营体制，发展壮大集体经济的有益探索，坚持和落实了党的“三农”政策，用活了“三权分置”制度，取得了明显成效。该村的土地入股实现了“资源变资产、农民变股民”，有效推动农民“离土离田”，使发展更有保障、更可持续，解放和发展了乡村社会生产力；合作社成立后，土地规模化经营，更好实现“藏粮于地、藏粮于技”；根据农业生产基础条件，当地长期以种植玉米、高粱为主，参考往年农业生产实际及市场波动情况，实施规模经营后，依托集体经济稳步发展壮大，有力带动农户收入增加。同时入股后农户自己不种地，可以提升技能，安心外出务工，实现了资源性和工资性收入“双丰收”；在合作经营中，农户有效纳入集体经济组织，积极入市参与竞争，谋求更大发展，做强产业，实现共同富裕。

三、经验启示

治国之道，富民为始。要实现农村农民共同富裕，做大“蛋糕”是基础，这个基础来自发展壮大农村集体经济。近年来，平遥县左家堡村在生产实践中加强党对农村经济建设的领导，抓住农村农民以土地为根的经济基础，探索了一条“农户土地入股，集体合作经营”的新路子，形成了“党支部＋集体经济合作社＋农户”发展的新模式，是壮大村级集体经济，提升基层组织能力，促进乡村治理现代化的有效路径，为乡村振兴的高质量发展提供了重要支撑。

（一）发展壮大农村集体经济，必须坚持以党建为引领，加强组织建设

发展壮大农村集体经济，推动乡村共同富裕，必须发挥农村基层党组织的战斗堡垒和核心引领作用。农村基层党组织是党执政的“终端”，是农村群团组织、经济合作社等各种组织和工作的领导核心。加强农村基层党组织建设，发挥政治优势、组织优势，成立集体经济发展合作社，发挥支部战斗堡垒作用，以“党支部＋”的方式带动集体经济发展，有利于集中智慧、凝聚力量谋发展。左家堡村将村级集体经济壮大提质列为加强基层组织建设的重要任务，在发展壮大集体经济中，探索由党支部领办合作社，进而把群众紧紧团结和凝聚在党组织周围，成为破解基层党建抓手，切实将党中央集中统一领导政治优势转化为重农强农、推动乡村振兴强大动能的有效路径。因此，要坚持把党的全面领导贯穿于发展壮大农村集体经济的全过程，把发展壮大农村集体经济与全面推进乡村振兴、引领农民群众实现共同富裕紧密结合起来，努力构建与农业农村现代化相适应的新型农村集体经济长效发展机制，全面提升党的领导力、组织力、号召力、执行力，把农村党员培养成带富能手，把致富能

人培养成党员，选优配强“过得硬、懂经营、善带富”的领头雁队伍，用组织振兴的力量把农村集体经济发展和推进共同富裕的方方面面融为一体。

（二）发展壮大农村集体经济，必须坚持以人民为中心，发挥农民积极性

发展壮大农村集体经济必须坚持以农民为主体，充分发挥农民群众的积极性、主动性、创造性，让农民成为农村集体经济发展的积极参与者和真正受益者。左家堡村成立村集体经济合作社，稳慎推广“农户土地入股，集体规模经营”模式，顺应群众保留承包权、流转经营权意愿，以“地”入股，实现集体统一经营、管理；在分配模式上，根据历年产出，确定农户保底收益，高出部分按照比例分红，不足部分由合作社补齐，始终保障个体收益不低于土地入股保底收益，实现“集体兜底谋公益，个体得利享福利”，在壮大集体经济的同时鼓起了村民的“钱袋子”，充分激发了农民参与的积极性。发展壮大农村集体经济，要把做大蛋糕与分好蛋糕统一起来，一方面要千方百计把蛋糕做大，另一方面要将不断壮大的蛋糕公平合理地分配给农民群众，让他们有更多的获得感，收入水平和生活水平逐步提高，以更大的积极性去做大蛋糕。要尊重农民主体地位，支持农民创新创造，着力构建农村新型集体经济发展与农民增收的联结机制。推动农民参与集体经济发展，充分活化农民的资源、资产、资金、技术、手艺等，让集体经济发展与农民增收同向而行。建立健全集体收益分配制度，切实落实将集体成员持有的集体资产股份作为参与集体收益分配的依据，形成稳定规范的分配关系，以集体增收带动农民收入“水涨船高”，真正让农民成为新型农村集体经济发展的积极参与者和直接受益者。坚持规范化、制度化、数字化、阳光化、集成化，加强农村集体资产管理，提升农

村集体经济数字化管理水平，强化民主监督，持续深化党务、财务、村务公开。

（三）发展壮大农村集体经济，必须坚持以市场为方向，推进产业化经营

土地经营权入股发展农业产业化经营，是深化农村土地制度改革的一项重要举措，也是发展壮大集体经济、促进农业适度规模经营、实现小农户和现代农业发展有机衔接的重要途径。近年来，各地积极推进土地经营权入股，引导农民以土地经营权入股公司、农民合作社，发展专业化、标准化、规模化、集约化生产，通过“保底收益＋股份分红”等方式确保农民持续稳定增收。左家堡村把发展壮大村集体经济与推进农业产业化经营有机结合起来，在合作模式上，以村集体土地为经营基础，吸纳农户以个人土地入股参与合作，积极对接央企中化先正达集团等农业服务企业，引入先进生产和管理方法，实行农业生产“耕、种、浇、防、收、销”全产业链统一经营，农业产业链条不断延伸，通过实行“保底收益、盈余分红、服务公益”的分配方式，实现了村集体经济和农民“双赢”。在农业供给侧结构性改革深入推进的环境下，农村集体经济组织一定要适应市场需求，坚持农业产业化经营方向，在内部运行管理机制、利益分配、资源整合等方面，坚持市场化、企业化运营原则，坚持“合作社＋”的理念，鼓励农村集体经济合作社聘请职业经理人来经营，探索多方合作机制，提升生产管理、销售管理和运营管理精细化水平，为农民提供精准服务，切实形成风险共担、利益共享机制；在经营服务内容方面，把规模经营与延长产业链结合起来，强化农业“接二连三”，发展农产品加工业“接一连三”，加快休闲农业“接二连一”，通过产业相融、产权同享、创新发展，激活各类发展要素，深度挖掘村级集体经济项目的附加值，立足特色资源，走品牌化、

精品化之路，让农民既可以在传统生产经营中获得利润，也能从加工和品牌溢价中增加收入。

蓝图已绘就，努力当为先。左家堡村将继续巩固和拓展“农户土地入股，集体规模经营”的模式，在扩大土地经营规模、守好稳产保产底线、稳慎科学探索调产、延伸加工产业链条上持续发力，不断发展壮大村集体经济，让老百姓的腰包更鼓、让村集体的资金更雄厚、让左家堡村的明天更美好。

第三节　能人返乡治村促发展
助力乡村振兴绽新颜——定襄县邱村

地处忻定盆地、滹沱河畔，邱村犹如定襄县的“小江南”，自然风光秀美，产业结构丰富。近年来，邱村植根乡土文化，在村委会主任于艳军的带领下，用产业促兴旺，靠建设促发展，以党建促提升，解开了美丽乡村发展的“密码”。

一、基本情况

邱村位于忻州市定襄县北7千米处，全村人口1288人、518户，有党员53名，土地8589亩，其中耕地3615亩。昔日的邱村生产条件差，盐碱荒滩多，常年以种植玉米为主，产业结构单一，十年九不收，曾被称为季庄镇的“灰七村”之一，村集体经济收入微乎其微。近年来，邱村在支部书记于艳军的带领下，改变生产经营理念，采取“集约生财 + 合作经营”模式，整合土地资源，建成温室大棚80座150亩，实行规模化集约化经营管理、现代化种植和数字化管护，通过入股分红、互助合作，实现了农民增收和村集体收入最大化，2021年村人均收入达到17500元。邱村先后获得定襄县首批“新农村示范村”“全县特色农业种植先进村”“发展设施农业先进村”“农村工作先进村”等荣誉称号。

二、主要做法

邱村在乡村振兴发展过程中，本着“跳出土地看土地，跳出农业看农业”的思想，一方面继续发挥好比较优势，在原有模式的基础上积极探索土地托管农业经营方式，实现集约化、规模化生产，提高农业生产效率，增强规模集聚效应，实现一产上的节本增效。另一方面不断延伸产业链条，着力发展二三产业，在种植、加工、物流及观光、休闲、采摘、文旅等全产业链上多点增值，实现主体融合、业态融合和利益融合，引领农业和乡村产业转型升级，让农产品增值，让农民增收，让村集体经济不断壮大。

（一）老板转岗当“头雁”，能人回乡群众叫好

于艳军是邱村的党支部书记、村委会主任，荣获“县农村工作先进个人”“县优秀共产党员”等众多荣誉称号。早年间，于艳军通过在外打拼做工程，开阔了眼界、增长了见识，实现了个人的财富积累，成为村里先富裕起来的人。2014 年 12 月，怀揣着带领乡亲们共同致富的愿望，他回村参选，并成功当选村委会主任。凭借着对事业的执着、对乡土的热爱，于艳军开始带领村民干事创业、发展产业、搞活经济，改变村庄面貌、提高生活质量的奋进之路。2015 年，他自筹资金组织 17 名党员干部和村民，远赴山东学习取经，引进日本新品种红提葡萄苗。为了调整单一的种植结构，于艳军积极联系县农技中心，吸引当地企业家承包土地 50 余亩，运用农业新技术、立体种植等新型模式，带领老百姓种植娃娃菜。为了加强本村农业基础设施建设，他与县水利局、开发办、供电公司联系，在原有浇地机井 12 眼的基础上又新打 6 眼，铺设管道 3 万余米，铺设地下电缆 7000 余米，实现了机井浇地全覆盖的目标，使全村膜下滴灌达到 2000 余亩，喷灌达到 1200 余亩，地下水利用率达到 95%。

图 6-3 邱村农业物联网系统将温度、湿度、光照等数据实时投放在显示屏上

新增变压器 14 台，架设高压线 3700 米、低压线 4000 余米，极大地方便了村民的生产生活，经济作物种植面积连年增加，邱村逐步从传统农业迈上了现代农业的快车道。

（二）聚焦重点抓项目，构建现代产业体系

近年来，邱村在支部书记于艳军的带领下，积极探索土地托管农业经营方式，实现土地集约化、规模化生产，提高农业生产效率，增强规模集聚效应，实现了农民增收和村集体收入的最大化。一是引进特色农业项目。2015 年，以村党支部牵头带领村民成立鑫宏瑞农民种植专业合作社，引进以色列葡萄种植项目，将 60 亩集体土地进行整合。合作社租用集体土地，筹措资金 182 万元建成高效葡萄大棚 21 座，通过数字化管护，31800 株葡萄苗成活率达 98%，亩收入达 5 万余元。二是打造本地“双薯”项目。依托鑫宏瑞农民种植专业合作社，调整单一种植结构，运营“双薯”项目，采用村民土地入股、合作社经营管理的模式规模化种植马铃薯、红薯 1030 亩，每人每年可增收 1100 元左右；通过合作社统一机械化种、管、

图 6-4　邱村农民利用农机收获玉米

图 6-5　邱村农民使用农机收获红薯

收、售，亩产平均达3000公斤。“双薯”远销广东、河南、山东等地。2021年除去租赁费用、保底支出、入股分红和生产支出，“双薯”项目为村集体创收22万元。三是发展构建现代产业体系。邱村积极探索更加符合产业发展的利益联结机制，着力发展二三产业，不断延伸产业链条，在种植、加工、物流及观光、休闲、采摘、文旅等全产业链上多点增值，实现主体融合、业态融合和利益融合，全面提升农业竞争力，推动农业产业结构优化升级。2021年底邱村着力打造农业产业新增长极，硬化场地2300平方米，建设深加工车间2250平方米，由鑫宏瑞农民种植专业合作社经营，村集体占股32%，对周边村庄的农副产品进行分级、加工、包装、销售，打造现代农业生产体系，带动周边村民收入稳步提高。

（三）乡村治理显成效，优化改善村容村貌

近年来，邱村始终坚持“党组织+网格化”的基层治理模式，以乡党委为中心，以村支部为纽带，推动党员服务网格全覆盖。在此基础上，实施“1+X”党员包户联系制度，通过党建带群建，强化基层治理能力，夯实乡村管理基础。在不断促进经济发展的同时，邱村充分考虑民生民意，在村基础设施建设和丰富精神文化生活方面做了大量的工作。在村级场所建设中严格按照“标准高、功能全、效果好”的要求，坚持“一室多用、多室共用”的原则，在保证村“两委”方便开展工作的基础上，同步把村级组织活动场所建设成为农村议事决策中心、政策教育中心、科技培训中心、文化活动中心、便民服务中心，有效发挥服务发展、服务民生、服务群众的作用。为方便村民出行，邱村对村中所有田间路进行加宽、平整、铺垫石子，共计13千米；将全村无法维修的普通路灯全部更换为LED路灯。对村中10000余平方米街道墙壁进行粉刷，清理垃圾8000余立方米，挖设排水沟1700余米。为了丰富村民的业余文化生活，邱村筹集资金42万元，在村北建起文化广场，场地硬化5000平方米，修筑围墙220米，购置18件健身器械、乒乓球桌和篮球架，安装了高杆广场灯，配置了音响设备，修建了10个文化宣传栏等，极大地丰富了村民的精神文化生活。

（四）规划先行抓落实，因地制宜绘就蓝图

近年来，邱村的发展已不再局限于一地一域。《季庄镇“1+10+X”推动农业特色产业发展规划》中明确提出，以邱村为一个点，集全镇力量打造农业特色产业发展示范村，吸引优质资源，进而带动全镇10个村共同发展，同时，各村凭借自己的优势发展自身的X特色产业。具体到邱村，就是“一公司一合作社两队八区一循环”。“一个公司”就是成立由合作社独资的“农业产业龙头”股份有限公司，便于资金结算流通，科学有效使用。“一个合作社”就是鑫宏瑞农民种植专业合作社。“两队”就是建立农机服务团队，集中管理村集体所有农机、农具，统一以出租方式，参与本村及外村农作物播种、打药、收割、深翻。建立电商销售团队，网上销售葡萄、甜瓜以及二次加工的农副产品。“八区”就是“双耆”联作示范区，以“土地入股”的方式流转土地1500亩，实现集中连片、规模种植、机械作业，提高土地收益，增加农民收入。以“土地托管”的方式实现对剩余2000亩耕地进行统一管理，从播种、锄地、打药到收秋、深翻，全程机械化统一作业，提高生产效率，释放劳动力以用于其他产业发展。葡萄大棚区，在原有基础上，新增日光大棚20座，栽植“贵族品种”。甜瓜大棚区，在种植甜瓜的同时，培育新品种，为全镇甜瓜种植户提供优质种苗。仓储保鲜区，充分利用冷鲜库，实现农产品错季销售，提高利润；同时冷鲜库对外出租，赚取租金。农产品深加工区，对农产品进行二次加工，提升价值、打造品牌。休闲游览区，利用五台山机场和定襄北站带来的游客红利，

图 6-6　邱村农民在大棚里收获香瓜

图 6-7　邱村农民在葡萄园外售卖葡萄

结合现有的甜瓜、葡萄大棚，发展乡村旅游、采摘、民宿休闲。产品集中销售区，在靠近机场大道一侧，修建一个拥有摊位和停车场的产品集中销售区，在保证交通安全的基础上，供往来游客选购产品。特色民宿休闲区，将现有的闲置房院改造成为休闲民宿酒店，接待零散游客和旅游团。“一循环”，就是所有收益用于产业升级和村内基础设施提升完善，推动良性循环。

三、经验启示

近年来，邱村在于艳军及村“两委”的带领下，不甘落后，积极谋划，负重赶超，用产业促兴旺，靠建设促发展，以党建促提升，在经济发展和社会进步等各方面都迈出了坚实的步伐。2021 年，邱村集体经营性收入达到 38.5 万元，人均收入达到 17500 元。主要的经验是:

（一）能人回乡，是促进乡村共富的务实之举

能人是农村经济社会发展的“排头兵”，是引领群众共同致富的“带头人”。充分发挥农村能人的引领带动作用，鼓励支持他们用经营企业的理念经营村庄，盘活农村的人、地、财资源，壮大集体经济，吸纳贫困村民就业增收，对于加快农村发展，引领和带动经济转型，带领群众共同致富具有极强的现实意义。邱村村支书于艳军也是返乡能人，2014 年他放弃了收益丰厚的工程生意，怀揣着带领乡亲们共同致富的愿望，回村带领村民干事创业、发展产业、搞活经济，使邱村的面貌焕然一新。在外闯荡打拼后的“能人”，他们思想开放、视野开阔，为家乡带回了资金、技术和产业。同时，生于斯长于斯，他们对故土、乡亲有着天然的亲近感，更了解本地的优势与短板，在发展过程中少走了很多弯路。习近平总书记强调：“激励各类人才在农村广阔天地大施所能、大展才华、大显身手，打造一支强大的乡村振兴人才队伍。”要通过“内育”和“外引”打造乡村振兴

的人才高地。既要通过加强教育和培训，精心开展针对性、实用性较强的职业技能和实用技术培训，培养一批爱农业、懂技术、善经营的扎根农村的“土专家”“田秀才”和农业职业经理人；又要通过引进懂科技、懂管理、懂市场、懂法律的现代化专业人才、党政人才下乡创业和服务，引导外出农民工、退伍军人、农村大中专毕业生等人才返乡创业创新，吸引眼界宽、思路活、资源广、有资本的企业家、科技人员、乡贤等回乡投资兴业，为全面推进乡村振兴、促进乡村共同富裕提供坚实的人才支撑和智力保障。

（二）项目建设，是推动乡村共富的重要引擎

项目建设是乡村振兴的重要抓手，是推动“产业全链条融合”和“城乡全要素融合”的黏合剂，是引领乡村全面发展的新引擎，能够促进农业增效、农民增收，拉动乡村经济增长。在全面实施乡村振兴战略过程中，邱村牢牢抓住项目建设的“牛鼻子”，依托鑫宏瑞农民种植专业合作社，积极引导农民通过土地托管、土地经营权流转等方式，发展以色列葡萄种植特色产业项目和“双薯”连片种植项目，并在种植、加工、物流及观光、休闲、采摘、文旅等全产业链上多点增值，呈现出农业升级、农村进步、农民富裕的新图景。发展是第一要务，项目是第一支撑。乡村发展要把好项目建设的“方向盘”，除了在产业项目上持续发力，更要在文化、公共服务、基础设施等各个方面多点开花。一是以产业项目为支撑，着力构建乡村振兴优势产业体系。坚持绿色循环、质量第一、品牌培育、效益优先，加快转变农业发展方式，推进农村一二三产业融合发展，构建现代农业产业体系、生产体系、经营体系，推动农业发展质量变革、效率变革、动力变革，不断提高农业产业竞争力、创新力和全要素生产力。二是以文化项目为支撑，着力繁荣发展传承优秀乡村文化。要坚持以社会主义核心价值观为引领，

加强乡村公共文化服务体系建设，激发乡村文化创新活力，培育文明乡风、良好家风和淳朴民风，建设邻里守望、诚信重礼、勤俭节约的文明乡村。三是以公共服务项目为支撑，着力健全完善乡村治理体系。要坚持把夯实基层基础作为固本之策，建立健全党委领导、政府负责、社会协同、公众参与、法治保障的现代乡村社会治理体制，坚持自治、法治、德治相结合，打造共建共治共享的乡村善治格局。四是以基础设施项目为支撑，着力保障和改善生产生活条件。要围绕农民群众最关心最直接最现实的利益问题，加快补齐农村民生短板，提高农村美好生活保障水平，让农民群众享有更多的获得感、幸福感、安全感。

（三）科学规划，是引领乡村共富的首要任务

2019 年中央一号文件提出，要强化乡村规划引领，把加强规划管理作为乡村振兴的基础性工作，实现规划管理全覆盖。这充分说明了乡村规划的重要性。相对于城市，农村规划一直是软肋，规划乱象在各地普遍存在。有的没有规划，随意建设，导致有新房没新村或有新村没新貌；有的规划不科学，缺乏前瞻性，建了再挖挖了再建；有的规划缺乏刚性，随意更改或规划一套另做一套，甚至出现了“规划规划、纸上画画、墙上挂挂”的现象。改变这些状况，必须提高对乡村规划工作的认识。规划是乡村振兴的“先手棋”，科学编制规划，对通盘考虑土地利用、产业发展、居民点布局、人居环境整治、生态保护和历史文化传承，有效提升乡村振兴质量，起着至关重要的支撑作用。在《季庄镇“1+10+X”推动农业特色产业发展规划》中明确提出，以邱村为一个点，集全镇力量打造农业特色产业发展示范村，吸引优质资源，进而带动全镇 10 个村共同发展。具体到邱村，就是按照“一公司一合作社两队八区一循环”的发展路径，朝着产业兴旺、生态宜居、乡风文明、治理有效、生活富裕的乡村振兴总

要求不断迈进。村庄规划是实施乡村振兴战略必不可少的重要一环。要提升土地资源利用效率，通过规划管控空间治理、合理腾挪空间、优化“三生空间”布局、调整土地利用结构，让乡村振兴更为科学；要立足现有基础因地制宜，注重底线，在保护好乡村的山水格局、田园风光、历史文化资源的基础上，突出地域特色，让乡村振兴更具风格；要合理安排乡村发展空间，注重产业，形成“一村一品”“百花齐放”的良好格局，让乡村振兴更有底气；要充分发挥农民主体作用，注重参与，真正让农民从“台下看戏”转为“台上唱戏”，让乡村振兴更合民意。

愿景绘就，正当乘风破浪；重任在肩，更需策马扬鞭。在村“两委”共同努力下，邱村实现了浇地机井化、节水管道化、田间路砂石化、种植特色化、收益高效化等现代农业发展目标，一系列强农惠农富农措施增强了农民的获得感、幸福感和安全感。未来，邱村将锐意进取，奋力描绘出产业兴旺、生态宜居、乡风文明、治理有效、生活富裕的美丽乡村新画卷。

第四节　五大振兴齐发力
同心奔向“致富路”——阳曲县录古咀村

近年来，阳曲县黄寨镇录古咀村高起点定位、高标准谋划，坚定不移全面推进产业、人才、文化、生态、组织“五个振兴”，着力推进巩固拓展脱贫攻坚成果同乡村振兴有效衔接，在三晋大地奏响美丽乡村建设“春之曲”。

一、基本情况

录古咀村是全省 352 个美丽乡村之一，位于阳曲县城以北 4.5 千米处的黄寨镇，包括录古咀、北郁利、碧山、牧角和兰家咀 5 个自然村，总面积5.17平方千米，其中耕地面积5400亩、果园面积2360亩，全村共有386户968人，有党员50名。2017年之前的录古咀村，基础条件极度落后，道路失修，人口流失，村容破

图6-8 录古咀村进村观光步道

旧，一片萧条景象。从2017年全面开展美丽乡村建设以来，这个曾经灰扑扑的村子从里到外发生了翻天覆地的变化。几年来，录古咀村以新发展理念为指引，严格按照乡村振兴的总要求，以“打造美丽乡村，提升群众幸福感”为目标，狠抓组织振兴，夯实基层堡垒，立足产业振兴，补齐发展短板，凝聚人才振兴，激活“神经末梢”，注重文化振兴，提升乡风文明，提速生态振兴，优化美丽乡村，努力谱好乡村振兴“五部曲”。在全体村民的共同努力下，录古咀村集体年收入可达60万，先后荣获“全国乡村治理示范村”“全国民主法治示范村”“山西省先进基层党组织”“山西省美丽乡村示范村”“山西省标杆村党组织”“山西省法制工作示范村”“山西省文明村”“山西美丽休闲乡村”“太原市美丽宜居示范村”“太原市先进基层党支部”等十多项荣誉。

二、主要做法

录古咀村牢牢把握“产业兴旺、生态宜居、乡风文明、治理有效、生活富裕”总要求，以“五大振兴”为抓手，高起点定位、高标准谋划，倾力实施乡村振兴，将发展现代农业产业作为工作的重中之重，大力加强基础设施建设和基层环境治理，凝聚人才队伍、激发群众干事创业热情，围绕社会主义核心价值观，持续厚植文明新风，狠抓“三基建设”，筑牢战斗堡垒，成功探索了“产业‘旺’+生态‘美’+人才‘聚’+文化‘亮’+组织‘强’”的“录古咀发展模式”。

（一）支部当好“火车头”，工作再上新台阶

录古咀村充分发挥党员活动室党建主阵地作用，认真贯彻执行党的路线、方针、政策，努力抓好党组织基层建设和党员队伍建设，发挥党组织的战斗堡垒作用和党员的先锋模范作用，不断增强党建吸引力、亲和力。一是推进支部规范化建设。高标准建设功能齐全

的党群服务中心400平方米，高标准配套党建活动室、人大活动室、军退活动室、妇联活动室、村民教育活动室、老年人日间照料中心和新时代文明实践站“五彩驿站”，让党员和村民享受党建文化熏陶，体现党建为民情怀、增强党建宣传亲和力。二是发挥党支部引领作用。深入开展“三会一课”“主题党日”、组织生活会、民主评议党员，将党员承诺践诺始终贯穿各项工作。在美丽乡村规划和实施中，村“两委”班子组织党员干部走村入户，征集民情民意，确保所有实施和决策符合本村实际、符合人民需要。支部带领党员干部认真学习党史，举办“赏桃花、学党史”“清明祭英烈”系列活动，将学习成果与办实事解难题相结合，以“办实事、送温暖、传党恩”为主题，关爱老人和困难群众，为2名老党员发放“光荣在党50年”纪念章、发放爱心午餐。三是强化班子服务意识。全面推行村“两委”干部轮流坐班值班“六个一”工作法，即“制定一套工作制度、制定一套考核办法、挂置一张公示牌匾、挂置一张去向铭牌、配备一部固定电话、填写一本坐班日志”，充分强化“两委”班子的服务成效。

（二）产业升级“品牌化”，推动发展新转变

产业兴旺是农民生活富裕的重要支撑和保证。录古咀村依托资源禀赋、强化要素流动，以村集体名义注册旅游公司，结合优势地理位置和独特气候条件，通过扶持发展大棚观光采摘园、阳光玫瑰葡萄采摘园和中药材种植示范园“三园”，举办“桃花节”“桃王争霸赛”等系列活动，发展乡村客栈、农家乐等多种模式，成功探索“现代农业+乡村旅游”的“录古咀模式”，村集体收入已达60万元。一是发展田园采摘产业。投资177万元，发展1500亩葡果采摘园，配套基础设施，采用先进技术，发展休闲采摘农业。2018年开始，连续成功举办三届“桃王争霸赛暨水蜜桃采摘节”，通过

水蜜桃采摘，录古咀村村民人均增收达 2 万余元。二是发展大棚观光采摘产业。投资 180 万元，流转土地 84 亩，涉及 18 户，建造 42 栋占地 57.69 亩的大棚采摘观光园，发展农家乐 20 余户，为壮大村集体经济、增加村民收入提供有力的保障。三是发展中药材种植基地。与山西和仁堂中药饮片有限公司签订 236.54 亩土地流转合同，全部种植菊花、党参等中药材。吸纳村民家门口就业，让村民实现了“打工 + 租金”双重收入。同时以村集体名义注入股份 100 万，每年可分红 8 万，拓宽村集体经济收入来源。

（三）精准招引“金凤凰”，汇聚人才新理念

人才是第一资源，凝聚人才队伍、激发其干事创业的热情是促进乡村振兴的关键举措。一是培育发掘本土人才。通过引进专家培训、外出交流学习等模式，培养了一支懂农业、爱农村的新型职业农民队伍，不断钻研农业技术，提升农产品质量，为村域产业发展打下坚实基础。二是引导各方人才参与乡村振兴。在省、市、县三级的支持下，一名省级“蹲苗”干部、一名市派选调生干部包联录古咀村，与镇包村队伍一队五人形成联动配合机制，共同为录古咀村制定发展思路、实现发展愿景。通过放活创新创业政策，录古咀村吸引外出创业人员刘智军回村担任村主任，在村工作八年，他带领全村按下了思想观念“快进键”、踏入了产业发展“快车道”、跑出了致富增收“加速度”，录古咀村貌发生了翻天覆地的变化。三是选优配强村“两委”班子。实现书记、主任“一肩挑”；6 名交叉任职委员全部都是中共党员，其中有 1 名 35 周岁以下委员，学历得到进一步提升，凝聚力、战斗力得到进一步增强。

（四）以文化人“德润心”，焕发文明新气象

繁荣和振兴乡村文化是乡村振兴的内在保证和动力源泉。一是加大农村文化建设投入。高标准组建录古咀村志愿服务队，统一使

用中国传统故事、传统美德、社会主义核心价值观。讲文明树新风相关标语等对临街墙体立面进行绘制美化；设置综合宣传栏，对善行义举、道德模范、身边好人等进行展示宣传，不断提高村民思想道德素质和文化修养。二是大力倡导移风易俗。修订本村村规民约，设立红白理事会、村民议事会、道德评议会、禁赌禁毒会等一系列村民自治组织，开展“文明家庭”“五好家庭”评选及表彰活动，让全体村民在参与中接受文化、感受文化、享受文化。建设老年人日间照料中心，为本村 70 岁以上老人和所有困难群众提供午餐服务；重阳节弘扬尊老、敬老、爱老的传统美德，举办了 2021 年首届“殷殷敬老情、满村文明风”庆祝活动，形成老有所依、弱有所扶的浓厚氛围。三是丰富精神文化生活。举办了录古咀村美丽乡村摄影大赛、录古咀村农家乐体验推介活动、录古咀村“回村游”等系列活动 10 余次，让村民充分感受到村庄发展所带来的新鲜活力。同时，村委会组织了民歌会、鼓乐团、广场舞队，邀请专家、老师进行教学培训，晚间村内广场定时播放音乐。村民通过丰富多彩的精神文化生活，展现出了昂扬向上的精神风貌。四是加强农村法治建设。加大普法力度，引导广大农民自觉守法用法，推进创建“三零”示范村，深入实施乡风文明培育行动，努力营造安定祥和的乡村振兴发展环境。

（五）生态宜居“支撑点”，提升环境新容貌

把乡村的生态环境治理好、保护好是实现生态文明建设总体目标的重要内容，也是实现农业农村绿色发展的必经之路。录古咀村在村集体经济壮大的基础上，大力加强基础设施建设和基层环境治理，围绕“水、电、路、气、绿、家、场、网、排、暖”十大要素进行了改造。一是全面实现农村街巷道路硬化。拆违治乱，彻底改变村民在道路两侧乱圈乱占、乱堆乱放的不良习惯，对全村 42 条小

街巷硬化铺装，美化墙体立面 1 万平方米，人居环境、村容村貌得到明显改善。二是全面开展农村上、下水改造。投资 500 余万元，对沿街下水道和沉淀池进行彻底清淤，改造上、下水管道 27900 米，解决了村民自来水饮用和污水处理的问题，提升了村民的生活质量。三是全面开展煤改气工作。全村天然气置换改造 255 户，覆盖率达 100%，广大农村群众告别了祖祖辈辈使用的煤炭和柴火，用上了清洁的天然气，有效治理了环境污染等问题。四是全面完成农村户厕改造。通过采用“广泛宣传、干部带头、党员示范”的方式，充分发挥村民的主体作用，大胆探索出通风式卫生厕所、三格式无害化厕所、防冻保温式水冲厕所三种创新模式。承担“全市农村厕所改造推进会”观摩任务，接受省内外调研指导 30 余次。截至 2023 年年底，累计接待观摩学习人数达 1200 余人次。

三、经验启示

乡村振兴战略是新时代做好“三农”工作的总抓手。通过对阳曲县黄寨镇录古咀村的调研，我们看到了中国未来农村的雏形：融合发展的乡村经济，宜居优美的村居生态，传承发展的乡村文化，和谐有序的村风村貌，共同富裕的乡村生活。可以说，黄寨镇录古咀村在探索实施乡村振兴战略中，取得了较好的阶段性成果，也为我省全面推进乡村振兴提供了经验借鉴。

（一）乡村组织振兴，要着力加强农村基层党组织建设

乡村振兴，党建是基石。党的领导是全面推进乡村振兴的政治保障和组织保障，是“不走的工作队”，也是实施乡村振兴战略的“主心骨”。只有把基层党组织建设得坚强有力，才能经受起风浪的考验，党的执政地位才会坚若磐石。录古咀村充分发挥党组织的战斗堡垒作用和党员的先锋模范作用，认真贯彻执行党的路线、方针、政策，努力抓好党组织基层建设和党员队伍建设，充分发挥党支部的引领作

用，推进支部规范化建设，强化班子服务意识，不断增强党建吸引力、亲和力。录古咀村之所以能够在乡村振兴战略中取得较好的成效，离不开其强大的组织动员能力。推动乡村组织振兴，必须加强农村基层党组织和党员队伍建设。要加大从本村致富能手、外出务工经商人员、本乡本土大学毕业生、复员退伍军人中培养选拔农村党组织带头人力度；加大在青年农民、外出务工人员和妇女中发展党员力度，加强农村党员队伍建设。推动乡村组织振兴，还必须进一步完善村民自治制度，规范民主选举程序，健全村民议事、办事和监事等体系，推进乡村法治建设，提升乡村德治水平，促进自治法治德治有机结合。乡村组织振兴，决定着乡村治理能力和内生发展能力，对乡村产业、文化和生态振兴具有直接影响。

（二）乡村产业振兴，要着力构建现代农业体系

乡村振兴，产业是根本。产业是乡村振兴的核心载体，各地的资源禀赋不同，发展乡村产业的路径也不一样。录古咀村在乡村振兴过程中因地制宜，将发展现代农业产业作为工作的重中之重，通过扶持发展大棚观光采摘园、阳光玫瑰葡萄采摘园和中药材种植示范园“三园”，举办“桃花节”“桃王争霸赛”等系列活动，发展乡村客栈、农家乐等多种模式，成功探索出“现代农业＋乡村旅游”的“录古咀模式”。无数的乡村振兴实践告诉我们，凡是乡村振兴搞得好的地方，都是因为有了产业振兴的支撑。在推进乡村振兴的过程中，要构建新型农业生产体系，在夯实农业生产能力基础的同时，发挥各地产业优势，寻优推进、错位发展，大力推进农业产业结构优化升级，壮大特色优势产业，积极打造优势农产品区域公共品牌，加快形成地区具有市场竞争力的优势特色产业体系；要构建新型农业产业体系，积极推动乡村一二三产业融合发展，促进农业内部融合、延伸农业产业链、拓展农业多种功能，发展乡村新产业新业态，

促进乡村产业转型升级，扩大农民持续较快增收渠道；要构建新型农业经营体系，积极培育新型农业经营主体，加快健全紧密型利益联结机制，让小农户通过土地流转、要素入股、劳动力就业、产销对接等形式参与新型农业经营主体发展乡村产业，让更多的农民真正成为现代农业发展的参与者、受益者。

（三）乡村人才振兴，要着力增强内生发展能力

乡村振兴，人才是关键。长期以来，乡村中青年、优秀人才持续外流，人才总量不足、结构失衡、素质偏低、老龄化严重等问题仍然存在，乡村人才总体发展水平与乡村振兴的要求之间依然存在差距。推动人才振兴，就是要通过留住一部分农村优秀人才，吸引一部分外出人才回乡和一部分社会优秀人才下乡，以人才汇聚推动和保障乡村振兴，增强农业农村内生发展能力。录古咀村通过引进专家培训、外出交流学习等模式培育发掘本土人才，通过放活创新创业政策，吸引外出创业人员刘智军回村担任村主任，通过村干学历提升，选优配强村“两委”班子，带领全村人民致富增收。录古咀村的振兴发展，离不开强有力的人才支撑。在推进实施乡村振兴战略的过程中，农村基层需要强有力的人才队伍，一要完善农村实用人才培育机制，加强对新型职业农民、乡村干部、科技人才、乡土人才等现有各类人才的针对性培训；二要打造一支懂农业、爱农村、爱农民、本领过硬的干部队伍，要选优配强乡镇领导班子、村“两委”成员；三要厚植人才发展生态，构建全覆盖的人才安居保障体系，营造全社会尊重乡村人才的浓厚氛围；四要坚持政策引导，坚持和完善科技特派员工作制度，建立引导和鼓励高校毕业生到基层工作“下得去、留得住、干得好、流得动”的长效机制。在全面推进乡村振兴过程中，只有人才的供给跟上了，产业才能正常运转、迭代、发展，文化才能复兴繁荣，教育才能提质增效，新模式新业态才能

不断涌现，乡村振兴才能实现。

（四）乡村文化振兴，要着力传承发展中华传统文化

乡村振兴，乡风文明是保障。习近平总书记明确指出：“乡村振兴既要塑形，也要铸魂。”必须坚持物质文明和精神文明一起抓，提升农民精神风貌，培育文明乡风、良好家风、淳朴民风，不断提高乡村社会文明程度。作为一种精神价值和生活方式，文化在乡村振兴中具有不可替代的重要作用。录古咀村在推进乡村振兴的过程中，塑造以社会主义先进文化为主体的乡村思想文化体系，通过加大文化建设投入、大力倡导移风易俗、丰富村民精神文化生活、加强农村法治建设四个方面积极打造文化乡村，培育乡风文明。我们要以社会主义核心价值观为引领，全面推进乡村文化振兴。一是要加强农村思想道德建设和公共文化建设，培育文明乡风、良好家风、淳朴民风，充分了解各地乡村真正的文化需求，通过举办具有乡土特色的村民参与度强的文化娱乐活动，如各种文艺演出、农技比赛等活动，吸引更多的村民参与到乡村文化建设当中，增加村民的集体感、责任感、荣誉感。二是要加强农村群众基本道德教育，通过座谈会、村里大喇叭等多种传播渠道，培养村民知法守法、勤劳善良、孝敬老人、文明出行、邻里互助的良好品德，逐步形成和谐融洽的村民关系、绿化整洁的村容、安定有序的村貌、生态宜居的新农村。三是要加强乡村传统文化的发掘整理，打造新的文化产品，结合数字化、互联网等新技术，激发乡村传统文化的创造力、表现力、传播力和影响力。只有塑造以社会主义先进文化为主体的乡村文化体系，打造文化乡村，培育文明乡风，让村民生活富起来、环境美起来、精神鼓起来，乡村振兴战略才能真正实现。

（五）乡村生态振兴，要着力建设宜业宜居的美丽家园

生态宜居是乡村振兴的重要支撑。良好的生态环境，是农村的最大优势和宝贵财富。2021 年 6 月 1 日施行的《中华人民共和国乡村振兴促进法》，围绕加强乡村生态保护和环境治理等内容，单列"生态保护"专章共 7 条，为生态保护确立了重要的法律原则和具体制度。这充分彰显了生态保护在乡村振兴中的重要地位，为加强乡村生态保护和环境治理、建设美丽乡村提供了法律保障和行动指南。录古咀村始终把乡村的生态环境治理好、保护好作为实现生态文明建设总体目标的重要内容，在村集体经济壮大的基础上，大力加强基础设施建设和基层环境治理，围绕"水、电、路、气、绿、家、场、网、排、暖"十大要素进行了改造，对全村小街小巷的道路进行全面硬化，对沿街下水道和沉淀池进行彻底清淤，全面开展户厕改造和煤改气工作，为录古咀村生态宜居奠定了良好的基础。推动乡村生态振兴，不但要加强农村污水、垃圾等突出环境问题综合治理，改善农村人居环境，推进农村"厕所革命"，完善农村生活设施，补齐农村生态环境建设短板，更要以绿色发展为引领，严守生态保护红线，推进农业绿色发展，进一步加快农业转型升级，减量并有效使用农业化学投入物，实现农作物秸秆、畜禽粪污等资源化利用和农用薄膜回收利用；进一步推进产业和生态深度融合，瞄准人们休闲旅游消费需求的新变化，推进农业与旅游、文化、康养、体育等产业融合发展，确保农村田园生态科学利用、永续利用。良好的生态是产业兴旺和环境宜居的前提条件，是培育良好乡风和提升治理水平的重要抓手。只要坚持以生态文明理念改造传统农业，以生态文明引领乡村振兴，农村的明天一定会呈现出一幅产业兴、生态美、百姓富、乡风淳的美丽画卷，成为"望得见山、看得见水、记得住乡愁"的人人向往之地。

如今的录古咀村，产业兴旺如鲲鹏展翅，乘势高飞；生态宜居如世外桃源，风光旖旎；乡风文明如璀璨星火，绚烂绽放；治理有效如芝兰之室，根基夯实；生活富裕如朝阳初升，蒸蒸日上，录古咀村的村民们收入越来越高，获得了实实在在的幸福感。

第五节　农业生产“托管”铺就乡村振兴发展路——新绛县三泉镇

为科学破解当前农村耕地与劳动力之间的矛盾，提高土地产出效益，新绛县三泉镇从农业供给侧结构性改革入手，鼓励社会资本开展农业集约化经营，对耕地实施“保姆”式集中经营管理。在相关部门支持指导下，一批如珍粮粮食种植专业合作社的涉农社会经济组织出现，并在农业转型发展中崭露头角。

一、基本情况

三泉镇，隶属于山西省运城市新绛县，地处新绛县北部，东与临汾市襄汾县接壤，南与龙兴镇相连，西与古交镇、泉掌镇、北张镇为邻，北与泽掌镇毗邻，距新绛县城约 10 千米，区域总面积 74.66 平方千米。镇下辖 30 个行政村、9095 户、3.8 万人口，总耕地面积 7.8 万亩。三泉镇是新绛县粮食主产镇，近几年随着城镇化进程加快，越来越多的年轻人选择外出务工，土地撂荒及留守老人兼业化种地的现象越来越严重。为此，三泉镇通过积极培育新型经营主体，大力开展土地托管业务，盘活土地业态，调动农民种粮积极性，带动小农户发展现代农业，促进乡村产业振兴。其中新绛县珍粮粮食种植专业合作社发展的农业生产托管服务业务最为突出。

二、主要做法

新绛县珍粮粮食种植专业合作社位于三泉镇白村，自 2015 年

图 6-9　新绛县珍粮粮食种植专业合作社利用新型自走式喷杆喷雾机进行苗期除草（组图）

开始探索发展土地托管业务，经过8年的不断摸索，形成了以“公司＋合作社＋村集体＋农户”的规模化经营模式，带动周边5个镇40个行政村的2万户农民实现粮食种植规模化、机械化、标准化。从全产业链条的农业生产托管到“粮食作物示范园”“农业生产服务中心”“粮食产后服务中心”等创新基地的建设，再到牵头组建农业社会化服务组织联合体，努力构建完备的社会化服务体系，都是推动粮食生产和农业产业高质量发展的有效途径，也为合作社实现“从农资供应、品种推广到农民培训、农机作业，从统防统治、烘干仓储到检测加工、销售对接”全产业链标准化生产奠定了坚实的基础。目前，合作社已流转土地4000余亩，年托管服务面积达70000余亩。

（一）以村集体为基础，促进小农户与现代农业有效衔接

土地规模化是农业生产托管服务的基本要求。针对土地难以连片规模化、农户种植规模小生产效率低、农业先进技术接受慢、生产标准化专业化程度低等问题，合作社围绕农业种植全产业链，创新性融入村集体参与，与村集体签订托管服务协议，由村集体负责整村土地连片，并可获得每亩30元的组织管理服务费，合作社负责“耕、种、防、收”作业操作，通过村集体组织开展全托管或半托管，实行“产、供、销”全链条精准化服务，建立健全“四统一”机制，即“统一品种、统一技术、统一管理、统一销售”，全面解决小农户农资投入贵、种植技术弱、农机作业贵、销售价格低等短板问题。

（二）创新服务体系，全面推进生产托管机械化

农业生产托管服务归根到底是机械化生产。合作社充分依托大数据引领托管，创新形成了“三级党组织引领＋三级平台化服务＋一方数字化管理”的土地托管“331”模式。第一个“3”是指县委、镇党委、村党支部的三级党组织引领，第二个“3”就是三级平台，

即村级整合集约化土地，镇级统计汇总，县级分配给服务主体，“1”是农业生产托管服务中心数字化管理指挥平台，给每辆作业农机安装 GPS，实现对农机的统一调配和作业数据监测。2021 年，依托农业托管“331”模式，合作社在粮食主产区的龙兴、三泉、古交 3 个镇，打造了“三镇四村五千亩”农业生产连片流转集中全托管示范试点基地，农业生产托管土地集中连片率达 100%。

（三）强化科技支撑，全力护航现代化粮食生产

科技是第一生产力，为推动农业提质增效。合作社紧紧抓住科技强社这个牛鼻子，在生产理念、生产方式上进行创新突破。一是建设粮食科技示范园。合作社流转土地 260 亩，配备了农作物抗旱试验棚、小型气象站、土壤墒情监测站、自动虫情测报仪等试验设备，为粮食生产引进新品种、新技术进行示范引领，提高农民科学种粮的积极性。几年来，合作社累计引进新品种 35 个、新技术 20 项，组织农民开展技术培训 5000 人次。二是积极与科研院校合作，进行新品种、新技术研发。与中国作物学会合作成立了中国创新驱动助力工程学会服务站，成立了新绛县粮食产业研发中心，分别与中国作物学会、山西省粮食经济学会、山西省作物学会、运城学院等科研单位签订了“产学研”合作协议，开展了“一水一肥超千斤”“小麦探墒沟播”等新技术研发应用。三是实施品牌经营战略。注册了“绛粮一品”“晋德”“祥田”等商标，开发了小杂粮、玉米糁、强筋面粉等系列农产品，参加了北京、哈尔滨、南京、成都、太原等特色农产品博览会，将新绛优质农产品推向全国。

（四）坚持以销促产，加快建设现代化生产体系

销售是实现效益、推动农户开展托管的关键一步。为激发粮农种粮积极性、保护粮农利益，合作社建设了占地 20 余亩的“粮食产后服务中心”，其中晾晒场 5000 平方米，仓库 1500 平方米，日储

粮能力6000余吨，并配套了粮食烘干设备（日烘干150吨）1座、钢板贮藏仓6座，逐步引导粮农收获后从“田间”直接到“中心”，推动传统粮农从“路边晾晒、自然风干”向专业化、科学化、机械化烘干转变，减少了田间地头“地趴粮”和粮食霉变等问题，解决农户“晒粮难”“储粮难”问题，有效增加农民收入。此外，合作社与储备库、牧原饲料、大象饲料等企业均建立产销合作，以每公斤高于市场价格4分钱的价格进行回收，解决了农户后顾之忧，为合作社导入新品种、推广新技术，开展“耕种防收”全产业链托管业务起到了明显的推动作用。合作社现为农户晾晒、储存粮食达每年3000余吨，年销售粮食30000吨。

三、取得成效

珍粮合作社土地托管项目的建成运营，已成为新绛县县级农业社会化服务平台，成为县委、县政府推动粮食生产的主抓手。2021年，合作社通过土地托管、土地流转、土地入股三种形式，快速实现农业机械化的全面应用和升级，解放了农村劳动力，增加了农民收入。按每亩增收节支300元计算，全年可促农增收1200万元，解放农村2300多个劳动力，间接帮助农户年增加工资性收入500余万元，取得了良好的经济效益和社会效益。

一是带动农业规模经营。通过统一托管服务，由新型经营主体专业服务团队提供生产服务，在保留农户土地承包权的同时，解决了“谁来种”和“怎么种”的难题。经过示范带动，稳定了全县农业种植面积，增加了农户收入，农户托管意愿显著增强，托管农户数量逐年增加。

二是实现农业节本增效。托管后，品种优良、统防统治、机械作业，统一收获、统一晾晒、统一销售，降低了生产成本，减少了劳动力投入，节省了种子、化肥、农药用量，按每亩降低成本80元计算，托管7

万亩，可实现节本增效 560 万元。

三是促进农业绿色发展。农产品质量安全是促进农业高质高效、农民富裕富足的重要环节。农产品质量安全涉及环节较多，其中最关键的是如何降低农药、化肥等投入品的使用，实现减药减肥。通过托管服务，带入专业技术服务，如统防统治服务，年可减少化学农药使用量 10%、减少用水量 80%，比传统人工防治效率提高 10 倍以上，病虫害防治效果提高 20%，实现农业绿色可持续发展，实现乡村产业振兴。

四、经验启示

农业生产托管是农户等经营主体在不流转土地经营权的条件下，将农业生产中的耕、种、防、收等全部或部分作业环节委托给农业生产性服务组织完成的农业经营方式。党的二十大报告指出："巩固和完善农村基本经营制度，发展新型农村集体经济，发展新型农业经营主体和社会化服务，发展农业适度规模经营。"农业生产托管是创新农业经营体系的重要抓手，是发展农业社会化服务的重要组成部分。在农业劳动力呈现出老龄化、兼业化的大趋势下，大力推进农业生产托管，对巩固农村基本经营制度、促进服务规模经营和农业生产性服务业加快发展、推进农业供给侧结构性改革具有重要意义。

2021 年 12 月，新绛县珍粮粮食种植专业合作社被农业农村部定为"全国农业社会化服务创新试点单位"。合作社以"土地托管、土地入股、土地流转"等方式组织基地生产，通过为农民提供耕、种、管、收、加、储、销全程系列化生产服务，发展精、特、优粮食产品，实现粮食规模化、标准化、品牌化经营，在为国家粮食安全作出积极贡献同时，取得了良好的经济社会生态效益，推动了当地现代农业发展，为全省面上推广积累了宝贵经验。

（一）加强党的领导，强化组织建设

在三泉镇农业生产托管的实践过程中，坚持把党的领导贯穿始终，充分发挥村级党组织的组织力、凝聚力和号召力，采取“村集体 + 社会化服务组织 + 农户”托管模式，由村集体居中牵头，一手对接社会化服务组织，一手对接农户，让“小农户”放心对接“大服务”，实现“耕种防收”全环节托管。在村集体的组织协调下，千千万万个小农户从土地中被解放出来，农资集中采购实现“零售”变“批发”；通过整村推进规模化作业实现“细碎”变“连片”，按一亩地，一年小麦、玉米两季计算，农户亩均可降低成本 125.5 元，实现节本增收；社会化服务组织解决了“机找地”的难题，规模作业提高了农业机械效率；村“两委”做中介，有力促进集体经济增收，实现了社会化服务组织高效服务、农户放心托管节本增效、村集体增加收入“三方共赢”的目标。

（二）尊重农民意愿，维护农民利益

什么样的制度对农民有利，什么样的生产方式有利于农业发展，农民最有发言权。合作社始终把群众利益放在首位，在充分尊重农户意愿的基础上，建立完善的利益联结机制，针对愿意将土地全年委托的农户，合作社提供“保姆式”的全程托管服务，农民不再自行耕作，成为省心、省力、省钱的“甩手掌柜”；针对不愿托管土地的农户，签订“代耕代种”协议，提供“管家式”全程机械化服务并按服务项目收取费用，经过多年发展，农户接受托管服务意愿显著增强。因此，在带领农民共同富裕的过程中，要始终坚持农民的主体地位，充分尊重农民意愿，切实发挥农民在乡村振兴中的主体作用，调动亿万农民的积极性、主动性、创造性，把维护农民群众的根本利益、促进农民共同富裕作为出发点和落脚点，促进农民持续增收，不断提升农民的获得感、幸福感、安全感。

（三）科技赋能托管，促进农业现代化

农业现代化的关键是农业科技的现代化。如何强化农业科技和装备支撑？近年来，三泉镇扎实推进科技强农、机械强农，通过建设粮食科技示范园，积极与科研院校合作，提升农业产业标准化、品牌化、科技化水平，对新品种、新技术进行试验示范，全力护航现代化粮食生产。三泉镇农业科技化的发展，推动了农业生产托管服务的链条升级，不同的服务主体充分发挥自身优势，以技术为纽带，扎实推动了农业现代化发展。在全面推进乡村振兴的过程中，要因地制宜，找出适宜本地发展实际的好经验好法子，充分利用生产托管平台优势，把优良品种、先进机具、实用技术等集成应用，提升生产托管的科技含量，提高单产水平，生产更多优质农产品。

（四）把握时代脉搏，坚持守正创新

随着农村社会经济环境的变化，农业生产托管模式顺应了以人力畜力为主的农业生产方式向以机械化、信息化为主的社会化大生产方式转变的历史趋势，迎合了农民既想退出繁重人力畜力作业方式又不愿退出家庭承包经营模式的需求。我国正处于城乡融合发展的时代，农业农村现代化事关全面推进乡村振兴和实现第二个百年奋斗目标，广大农民需要进一步解放思想，积极探索出更适合的实践路径，全面深化农村改革，着力破解农业农村发展的深层次体制机制障碍。

习近平总书记指出：“农民小康不小康，关键看收入。”进入新时代，农业托管重塑了农业生产经营方式，有效破解了小农户分散经营规模化程度低、服务提升难、农民增收难等问题，为农业提质增效蹚出了一条新路，更为保障国家粮食安全、助推乡村振兴提供了有力支撑。

附录

省外经典案例

随着国家乡村振兴战略的深入实施，山西省整体推进县在推动乡村产业兴旺、生态宜居、乡风文明、治理有效、生活富裕方面取得了显著成效。放眼全国，一些地区的乡村振兴实践已经超越了传统模式，探索出一系列独特的发展路径，本书汇集的省外案例，正是这些创新实践的缩影。从湖南省浏阳市张访镇田溪村村民“众筹”发展旅游，到河南省开封市兰考县蜜瓜产业的品牌强农之路，再到四川省成都市蒲江县明月村的艺术乡建，以及安徽省宿州市砀山县的“数字乡村”，这些案例都紧密结合了当地的自然资源、文化传统和经济社会条件，通过政策引导、市场运作和村民参与，形成了各具特色的乡村振兴路径，为我们提供了可复制、可推广的经验和模式。山西省在推进乡村振兴的过程中，可以充分吸收这些省外案例的经验和做法，结合本省实际，发挥自身优势，探索出一条具有山西特色的乡村振兴道路。

第一节 “众筹”出来的旅游发展之路——湖南省田溪村

发展乡村旅游，缺少资金支持是一大难题，田溪村通过村民众筹成立旅游公司，让“泥腿子”成为乡村旅游产业合伙人，既解决了发展资金怎么来、怎么管的问题，也解决了收益分配的问题，这既是其脱贫致富的突出特色，也是村级党组织带领村民共同致富的一个创举。

一、基本情况

乡村旅游作为文旅产业的一个重要分支，是推动乡村经济繁荣的重要手段，也是乡村振兴事业的重要组成部分，完美契合了乡村振兴战略对新时代乡村发展产业兴旺、生态宜居、乡风文明、治理有效、生活富裕的要求。大量的实践与研究证明，乡村旅游是推进产业融合的典型产业业态，乡村旅游的发展将各类经济生产要素注入乡村，实现乡村在经济层面的产业结构多元化和空间多功能化，符合乡村振兴战略中“产业兴旺”的要求；乡村旅游的发展促进并带动了乡村地区的资源开发与保护，有效提升了乡村的基础设施建设，符合乡村振兴战略中“生态宜居”的要求；乡村旅游活动的开展、城市游客的到来，有利于开阔居民视野，提升村民自我素质和文明程度，传播乡村文化，体现了“乡风文明”的要求；村民的旅游参与强化了村民基于集体意识和共同价值纽带的文化身份，推动乡土社会自我管理、自我更新能力的成长，形成乡村地区有效且持续发展的动力，符合“治理有效”的要求；乡村旅游产业作为乡村居民脱贫致富、提高就业的重要途径，契合了“生活富裕”的要求。①2008年全球金融危机爆发，同年12月中央经济工作会议提出“把扩大内需作为保增长的根本途径”，旅游消费成为扩大居民消费的五大重点领域之一。②为推进乡村旅游发展，国家出台了一系列政策。2017年、2018年，多部门联合发布了《促进乡村旅游发展提质升级行动方案（2017年）》《促进乡村旅游发展提质升级行动方案（2018年—2020年）》和《关于促进乡村旅游可持续发展的指导意见》，提出要通过改善乡村旅游基础设施，鼓励引导社会资本参与乡村旅游发展建设等措施，促进乡村旅游发展提质扩容。2021年中央一号文件提出构建现代乡村产业体系，开发休闲农业和乡村旅游精品线路，大力实施乡村建设行动，完善配套设施建设，优化了乡村旅游发展的政策环境。2022年中央一号文件作出实施乡村休闲旅游提升计划的部署，进一步推动乡村旅游提档升级。2023年中央一号文件提出实施文化产业赋能乡村振兴计划，实施乡村休闲旅游精品工程，推动乡村民宿提质升级。

浏阳市田溪村地处湘赣边界，位于国家级森林公园大围山南麓，村域面积48平方千米，共有1415户5135人。2014年被列入省级贫困村，原有建档立卡贫困户212户723人，是浏阳市贫困人口最

① 陶力，布乃鹏.休闲研究专著系列：超大城市周边乡村旅游（实践与案例）[M].上海:上海交通大学出版社，2021.

② 姚旻，赵爱梅，宁志中.中国乡村旅游政策：基本特征、热点演变与“十四五”展望[J].中国农村经济，2021(05):2—17.

多的村，贫困发生率一度接近 30%，于 2017 年脱贫摘帽，2020 年实现全面脱贫。如今，田溪村通过村民众筹发展乡村旅游，村容村貌焕然一新，“乡村游”业态越来越丰富。2021 年村级集体经济收入达 20 余万元，先后获得全国和省级“乡村旅游重点村”、全省“脱贫攻坚先进集体”等多项荣誉称号。[①]

二、主要做法

近年来，田溪村抢抓精准扶贫和乡村振兴政策机遇，通过“党建引领、支部主导、村民众筹、市场运营、共建共享”，成功走出一条以乡村旅游带动其他产业共同发展的特色之路。

（一）摸清底子，找准路子

“肩扛竹木养家、手持犁耙糊口”，是田溪村一直以来的真实写照，长期的贫困让田溪人十分渴望抓住精准扶贫和乡村振兴政策机遇，实现千百年来期盼的致富梦。田溪村地处大围山国家森林公园南麓，生态资源十分丰富，村里拥有 2000 多亩原始红豆杉群，还有第四纪冰川地质地貌的磐石大峡谷。在文化资源上，田溪村是一个客家村落，蕴藏着悠久的客家民俗文化，并拥有百年榨坊、占山贡纸手工作坊等文化遗产以及桃坪客家人旧聚落群。2015 年，田溪村村“两委”与驻村帮扶工作队组织部分党员、村民代表外出考察学习，回来后开始摸家底、盘优势，最终村民代表大会一致通过了“发展乡村旅游带动其他产业共同发展”的决议。

（二）引进人才，组建团队

乡村振兴，人才是关键。田溪村对全村人才包括田溪籍干部、在外经商人士、专业技能人才、离任村干部、乡贤等进行摸底，组

① 史海威，邓培章.浏阳市田溪村的蝶变之路——关于乡村振兴中一个案例的调查与思考[J].新湘评论，2022(04):34—35.

织召开“引老乡、回故乡、建家乡”田溪籍知名人士座谈会，以乡村旅游带动其他产业共同发展为主题，听取意见和建议，最终达成共识，明确了发展思路。在启动旅游开发之际，田溪村村党支部组织召开由60多名党员代表、村民代表、乡贤能人参加的会议，通过自荐、互荐，表决、推选出由11位党员、乡贤、能人组成的筹备领导小组，2017年田溪村成立湖南西溪旅游发展有限公司，由有管理能力和市场运营经验的王玻声返乡担任总经理。

（三）统一思想，整治环境

村容村貌提升的成果是发展乡村旅游、休闲农业的优势资源。田溪村村党支部和筹备领导小组在明确发展思路和发展方向后，走访老党员、老干部、老组长、贫困户，听取意见和建议，寻求最佳致富路径，并到各组召开村民会议，宣传理念和思路，使得全村上下拧成一股绳，积极开展环境整治。村民义务投工3000多人次，出动清运挖机、车辆80余车次，对河边、路边、山边、渠边等公共区域进行全面整治，拆除影响村容村貌的残破房屋20余间、600余平方米，拆除私搭乱建雨棚800多平方米，清理河道1.5千米，村容村貌焕然一新。田溪村还制定村规民约，要求村民房前屋后无杂物堆放，水沟水渠保持干净通畅，鼓励农户栽种盆景、美化庭院，对景区公共区域保洁、垃圾收集清运做到专人负责。另外，田溪村积极开展环保公益活动，举办了“湖南省民间首次棘胸蛙增殖放流”大型活动。2021年，为创建一批示范特色小村庄，浏阳市住建局探索实施“三师”（规划师、建筑师、工程师）志愿服务下乡制度，邀请湖南大学设计研究院参与到田溪村的村庄设计规划编制工作中，从美丽乡村建设的整体规划，到村级建筑风貌的专项规划设计，田溪村的风貌塑造成效显著。如今，田溪村由昔日“脏乱差”变身为美丽乡村，为乡村旅游发展创造了良好环境。

（四）村民众筹，共建共享

为解决资金问题，田溪村通过村民众筹的模式发展乡村旅游，每股1000元，每户2股起，30万元封顶。2015年至2019年，村民分期众筹资金2000余万元，利用这些资金开发了滑草游乐场、小水果采摘基地、大河田园景观、跑马游乐园、沿河休闲风光带、峡谷溯溪探险、玻璃桥以及玻璃滑道等游乐项目，田溪村逐步蜕变为集观光、体验、住宿等于一体的乡村旅游目的地。在资金管理上，不论股金多少，股东的表决权、否决权、选举权、被选举权等权利一律平等。同时，田溪村制订严格的财务管理制度，采购物品公开招标，监事会全程监督所有项目的招标、议价、施工质量、验收、结算，及时公开公示收支情况，让股东心中有数。收益分配上，田溪村明确将众筹资金作为未来发展旅游的原始股金，公司经营产生收益后，提留利润的15%作为自然资源股，全体村民均享分红；10%作为村集体经济收入；5%作为乡风文明、环境保护、扶困济贫等方面的奖扶基金；15%作为公司发展基金；55%按众筹股金分配，形成“众筹模式”，既保障了土地山林等所有者权益，又兼顾村民的投入能力，实现了“众人拾柴火焰高”，保障了“众筹共建共享”的覆盖面。

（五）发展产业，盘活经济

产业振兴是乡村振兴的基础和关键，只有产业振兴了，才能增强乡村振兴的“磁力”，吸引、促进各类生产要素向乡村聚集。搭乘精准扶贫、乡村振兴、湘赣边区域合作示范区等政策东风，田溪村在团队的艰苦创业、村民的支持配合下，旅游业态不断丰富，探索出一条“乡村旅游＋乡村振兴”的特色发展之路。2020年西溪磐石大峡谷景区成功创建国家3A级旅游景区，汇聚了峡谷溯溪、滑草游乐场、亲子游乐园、七彩玻璃漂流、黄金玻璃桥、磐石寨、客家文化体验等旅游项目，逐渐成为长株潭、南昌等地市民休闲游乐的后花园。此外，田溪村引进了农城微旅信息科技开发有限公司，采用手机 APP 网上订房的方式吸引外地游客，在盘活农村闲置房屋的同时，也带动了特色小吃、餐饮和农副产品的消费。2021 年，田溪村成功承办了湖南省（秋季）乡村文化旅游节暨湘鄂赣首届客家文化旅游节，进一步提升了知名度，加速融入“环大围山旅游区”。

三、发展成效

实干巧干，未来可期。田溪村抢抓乡村振兴发展机遇，通过村民众筹，发展生态旅游产业，摘掉了贫困村的帽子，逐步蜕变为集观光、体验、民宿等于一体的乡村旅游目的地。由昔日的贫困村，到如今的旅游“网红村”，田溪村实现了蝶变。

（一）绿水青山变金山银山，乡村旅游鼓起钱袋子

由于地处偏僻，交通不发达，基础设施薄弱，且受水源保护、生态保护等限制，田溪村经济发展缓慢，生产生活落后，鲜有游客或投资商前来，村民守着绿水青山过着穷日子。发展乡村旅游产业以来，截至 2022 年初，景区累计接待游客近 60 万人次，实现景区和其他游乐项目门票总收入 3200 余万元，带动村民创收 6000 余万元，公司经营产生收益的 55% 按众筹股金分配，全村吃上了“旅游饭”，走上了“致富路”。另外，田溪村不断延长产业链的增值收益，一方面发展优质稻、小水果、蔬菜种植和水产养殖，培育具有地域特色的农业品牌，比如“田螺溪”大米、“老臣味”盐旱茶等，年销售额超过 800 万元；另一方面完善旅游配套设施，浏阳市文化旅游广电体育局通过实地考察，启动了一个大型导览图、一台直饮水机、一台多媒体高清 LED 宣传屏、一个高品质旅游厕所、一套旅游标识标牌、一套智慧旅游体系“六个一”工程，建设完善了田溪村旅游建设公共服务体系。同时，浏阳市文旅广体局还通过以奖代补的形式，

指导田溪村修建游客服务中心、生态停车场，鼓励村民发展民宿和农家乐。人不负青山，青山定不负人，从“肩扛竹木养家，手持犁耙糊口”到“休闲 + 观光”，田溪村经历了一次“大变革”，不仅乡村面貌焕然一新，当地老百姓也渐渐摆脱“穷根”，走上致富之路，幸福感直线提升。

（二）脏乱差丑变美丽乡村，环境整治绘制新画卷

小康全面不全面，生态环境很关键。以往田溪村环境卫生条件差，为建设美好环境，田溪村党总支组织党员带头开展以“清河、清渠、清沟、清路、清院”为主要内容的“五清”志愿服务行动，并发动全体村民投工投劳，大力整治乡村环境，完善道路、电网、厕所、标识标牌等基础设施建设。通过人居环境整治，田溪村的“颜值”不断刷新，为乡村旅游发展创造了良好环境，居民生活环境也得到了改善，生活也更加幸福。

（三）外出逐梦到返乡筑梦，青年归巢增添新力量

农村人口是乡村振兴的主体，青年一代则是实现乡村振兴战略的主力军，只有越来越多有理想、有担当、重实干的青年力量归巢筑梦，为家乡的建设添砖加瓦，才能实现乡村振兴的美好目标。通过发展乡村旅游，田溪村积累了较大知名度，旅游产业链也创造了许多就业岗位，越来越多的年轻人选择就地就近就业，不少在外打工的青年回乡开起了农家乐。

四、经验启示

乡村旅游具有乡村性、体验性、多样性的特点，在不同区域、不同季节，甚至不同的发展阶段，乡村旅游呈现出不同的形态，如生态旅游、自然探险、假日徒步、教育旅游、休闲旅游、民俗旅游、文化旅游等。各国乡村旅游的起源不同，英国的乡村旅游源于 11 世纪的贵族狩猎，德国 1873 年开始为公务员提供乡村休闲，美国

的乡村旅游则与铁路建设和国家公园建设密切相关。20 世纪 80 年代之后，乡村旅游得到长足发展，目前，全球的乡村旅游已经步入规模化发展阶段，并表现出极大的市场潜力和巨大的吸引力。在我国，乡村旅游虽然起步较晚，但得益于国家旅游政策的大力推动，乡村旅游短期内便进入了高速、健康的发展轨道。但在繁荣的背后，乡村旅游项目也暴露出越来越多的问题，比如盲目扩大投资，资金链断裂；一味模仿，同质化严重；缺少整体规划等，许多乡村旅游项目从“万众瞩目”到“一地鸡毛”。作为比较成功的案例，田溪村在发展乡村旅游上有以下几方面经验。

（一）发挥党组织领导作用

加强党的领导，推动组织振兴，是凝心聚力、应对各种困难和挑战，实现乡村振兴的关键和根本保障。田溪村党支部坚持党建引领、党员带头，在旅游公司组建、旅游产业发展壮大、其他产业培育过程中，通过谋划、组织、宣传、推动，以实际行动带领村民共同致富，真正发挥了“主心骨”作用。事实证明，村级党组织强、党建工作有力，是乡村振兴的根本所在，也是乡村振兴的共同经验。

（二）因地制宜寻求发展道路

发展乡村旅游关键就是要惠民，积极探索景区与村民互利共赢的利益联结机制，同时要坚持因地制宜的原则，不能千篇一律，要深入挖掘独一无二的本地文化，突出个性化、主题化、特色化。田溪村依托丰富的旅游资源，成立旅游公司，采取市场的方法和手段，以资金众筹、资源共享、合理分配为理念发展乡村旅游，走出了一条以乡村旅游带动其他产业共同发展的特色之路。

（三）村民自主激发内生动力

村民是乡村振兴的主体，田溪村畅通意见收集、诉求表达的渠道，推动公开透明的开放式决策、参与式治理，紧紧抓住了“人”这个关键因素，发挥了群众的主体力量，激活了乡村振兴的内生动力，在致富之路上告别了“等靠要”，既不一心追求田园综合体试点、农业综合性改革试验等重大政策的扶持，也不单纯依靠社会资金的大笔投入，而是充分发挥村民的主人翁作用，增强自身造血功能，激活发展内生动力，资金主要靠村民自己“筹”，事情靠全村齐心协力艰苦奋斗“干”，村民就不再是乡村振兴的“旁观者”“局外人”，调动了广大村民的积极性。

（四）小结

近年来，随着人们收入水平的快速提升，旅游尤其是乡村旅游正成为发生频次极高的旅游行为，特别是围绕城市周边开展的周边游、农家乐等形式正普遍存在于全国各地。田溪村在没有依靠外界力量的背景下，通过众筹和自身乡村旅游规划推动乡村经济发展，是自我奋斗的成功典型。“村民众筹”模式不仅能够破解资金制约问题，也让村民有更多的参与感和获得感，目前，该模式也成为推动乡村振兴的一个缩影。比如，在湖北省宜宾市秭归县水田坝乡，165户柑农“众筹”资金200多万，“自建”柑橘产业路；在山东省淄博市淄川区太河镇西石村，村民众筹成立旅游公司，修建了4.2千米的观光火车道，小火车观光项目让该村半年获得近50万红利；在浙江台州，有一些村庄打破区划限制，谋划“多村联建、股份均分”的片区联营联建项目，发展乡村旅游。事实证明，通过自主自建，主动作为，乡村振兴是有希望、有前途的。另外，乡村是区别于城市的，乡村旅游能够与其他旅游形式相区分的最核心、最本质的特征就是乡村性，它是吸引旅游者进行乡村旅游的基础，也是乡村旅游整体推销的核心与独特卖点。但是，受村民观念的转变、外来游客的涉入以及城镇化等多种因素的影响，乡村旅游地的空间、文化、产业和环境遭受冲击，传统的乡村特征难以继续维持，乡村性发生流失与被解构。[①]因此，在对乡村旅游资源进行开发时，应避免特色消失的同质化问题。田溪村依据其客家民俗文化和大围山独特的自然环境发展乡村旅游，在保持乡村性的同时整治村容村貌，改善基础设施建设，并开发了小水果采摘基地、跑马游乐园、玻璃桥及玻璃滑道等游乐项目，使得游客在没有舍弃现代都市生活的便利的情况下，感受到了乡村的独特气息，为其他地方发展乡村旅游提供了可参考的经验。

第二节　小蜜瓜蕴含大能量
——河南省兰考县

农业品牌是农业高质量发展的重要标志，在全面推进乡村振兴、加快农业农村现代化发展中发挥重要作用。兰考县的蜜瓜产业正是瞄准县域主导产业发展的需求，通过品牌建设，探索出一条品牌强农、巩固脱贫攻坚成果、助力乡村振兴的新路子。

一、基本情况

随着经济社会发展，人民消费结构不断升级，市场竞争由“商品竞争”转向“品牌竞争”，品牌知名度的高低，决定着农产品市场占有率的大小。[②]“十三五”以来，党中央、国务院大力推动品牌强国战略，2016 年，国务院印发《关于发挥品牌引领作用推动供需结构升级的意见》，明确提出农业品牌建设路径；2017 年，“推进区域农产品公用品牌建设”首次写入中央一号文件，2017 年也被农

① 李志飞，吴锦超，张晨晨.从乡村性到后乡村性:乡村旅游的理论展望[J].旅游导刊，2021，5(06):24—42.

② 张春苗.关于农业品牌发展的调研报告[J].新农业，2022(08):79—80.

业部确定为农业品牌推进年；2018 年，李克强总理指出，实施乡村振兴战略，产业兴旺是基础，促进农业高质量发展，关键是要把质量兴农、绿色兴农、品牌强农作为核心任务；2021 年中央一号文件明确提出要深入推进农业结构调整，推动品种培优、品质提升、品牌打造和标准化生产。农业农村部高度重视农产品品牌建设，出台了一系列政策、措施助力农业高质量发展：2018 年，农业农村部印发了《农业农村部关于加快推进品牌强农的意见》，明确了品牌强农的主攻方向、目标任务和政策措施；2019 年，启动中国农业品牌目录制度建设，指导发布了《中国农业品牌目录制度实施办法》《中国农产品区域公用品牌建设指南》等文件，规范农业品牌建设。另外，农业农村部还通过举办推介专场、高峰论坛等一系列品牌活动以及开展农业品牌公益宣传，进一步帮助中国农业品牌提升知名度和影响力。

兰考县地处豫东平原，总面积 1103 平方千米，总人口 87 万。2002 年被确定为国家级扶贫开发工作重点县，2011 年被确定为大别山连片特困地区重点县，2014 年建档立卡时，全县有贫困村 115 个，贫困人口 23275 户 77350 人，贫困发生率 10%，于 2017 年脱贫，成为河南省第一个脱贫县。长期以来，兰考县主要种植小麦、玉米，产业链短、效益差，蔬菜、水果等农产品也多为初级产品，且品种多、乱、杂，没有叫得响的品牌，市场竞争力差。但兰考县地处北纬 34°，属暖温带季风气候，常年光照充足，昼夜温差 20℃左右，弱碱性砂质土壤再加上黄河水浇灌，优越的环境条件非常适合蜜瓜种植。2016，兰考县在河南省农业科学院园艺研究所蜜瓜专家指导下开始试种蜜瓜，随着蜜瓜带来大量收益，种植面积也迅速扩大，蜜瓜产业已经成为兰考县广大群众增收致富的主要产业之一。2022 年 7 月份，国家乡村振兴局将兰考县确定为县级联系点，同年 10 月份，兰考县被纳入2022年国家乡村振兴示范县。兰考县的品牌强农发展路子，在巩固拓展脱贫攻坚成果工作扎实推进的同时，还统筹带动了全县经济社会全面发展。

二、主要举措

实施乡村振兴战略，产业兴旺是基础，在全国率先摘掉贫困县帽子的兰考县，积极探索巩固拓展脱贫攻坚成果同乡村振兴有效衔接的道路，推进兰考蜜瓜品牌实现跨越发展。

（一）出台政策，保驾护航

为推进蜜瓜产业发展并打造“兰考蜜瓜”特色产业品牌，兰考县出台多项政策。一是设置设施农业奖补，对成方连片新建的钢架大棚补贴6000元，温室大棚补贴3万元。二是提供贷款支持，凡蜜瓜种植农户，均可利用普惠金融政策，通过授信的方式获得贷款，贫困户还享受政府贴息。三是完善基础设施配套，对规模以上产业园区，采用先建后补的方式，对井、路、渠、桥等基础设施进行奖补。四是针对设施农业提供统一保险。从2017年起，兰考县政府出资为全县塑料大棚和日光温室统一购买了农业保险，确保生产主体遇到重大自然灾害时能够迅速恢复生产。上述措施的推出，有效推进了农产品生产规模化、标准化和品牌化发展。

（二）完善链条，产销融合

在研发阶段，兰考县建设了蜜瓜育苗基地，切实解决产业发展中品种、种苗质量和病虫害等关键技术问题，通过育苗基地内标准化种植示范，引导蜜瓜种植户更新品种、推广先进生产技术，为兰考蜜瓜产业的规模化、标准化、品牌化发展创造条件。在生产阶段，不断完善技术服务和农资配套服务。一是成立蜜瓜产业办公室，建立健全蜜瓜种植省、县、乡三级技术服务体系，积极解决种植户蜜瓜种植存在的问题。二是定期开展技术指导和培训，在蜜瓜种植的生产关键节点，开展蜜瓜种植技术观摩活动，手把手指导群众开展蜜瓜种植。并通过开展培训班、建立微信群以及 12316 支农热线等方式，向群众普及蜜瓜种植技术，解答群众在蜜瓜种植中遇到的难题。三是完善农资配套服务。直接对接厂家或经销商，以最低的价格统一采购化肥、农膜、种子等农用物资，降低蜜瓜种植户的生产成本。在加工阶段，依托五农好食品有限公司、润野食品有限公司等龙头公司进行农产品深加工，通过将蜜瓜加工成蜜瓜醋、蜜瓜罐头、蜜瓜饼干和蜜瓜饮料等，延长产业链条。在储运阶段，兰考县支持种植户建设农产品冷鲜库，夯实农业物质基础装备，减少农产品产后损失，提高农产品附加值和溢价能力，促进农民稳定增收。在销售领域，兰考县采用“线下＋线上”的模式，对接大型农产品批发市场，打造兰考蜜瓜品牌，并建立了“果蔬价格”微信公众号，开设网店，培育农村经纪人，多渠道销售。

（三）科技赋能，产业兴旺

为找到适合兰考县脱贫致富的特色产业，河南省农业科学院园艺所以新疆哈密瓜为种源，成功培育了适合兰考县土地生长的蜜瓜新品种——玉兰香。不同于哈密瓜，玉兰香必须在大棚内种植，为了尽快让瓜农掌握大棚蜜瓜生产技术，解决蜜瓜种植技术推广难题，兰考县不但依靠科技特派员为瓜农提供蜜瓜种植全过程“保姆式”服务，而且对瓜农进行大规模技术培训，培养一大批技术能人，促使兰考蜜瓜产业取得长足的发展，带动瓜农走上依靠科技致富之路。

（四）品牌建设，扩大影响

为从根本上弥补品牌建设不足的短板，兰考县抢抓发展机遇，以发展绿色食品为重点，按照推进兰考农业品牌实现跨越式发展为目标的发展思路，推进农业品牌建设。一是积极进行品牌登记和认证。2017 年兰考县注册了“兰考蜜瓜”商标，2018 年通过了农产品地理标志登记保护，2019 年申请到河南绿色食品认证，明确只有采用生物菌剂、严格按照绿色食品标准种植的蜜瓜才能使用“兰考蜜瓜”品牌，差异化的品牌优势让兰考蜜瓜具备了更强的竞争力，销售量逐年提高。[①] 二是出台“三品一标”认证奖补政策，从 2017 年开始，兰考县对每个新获得农业部认证的无公害农产品、绿色食品和有机农产品分别给予 1 万元、2 万元和 5 万元的奖励，对每个新获得农业部农产品地理标志登记的农产品，给予 10 万元奖励。[②] 三是将品牌建设纳入目标考核。兰考县将品牌建设纳入对全县驻村工作队年度考核和稳定脱贫奔小康红旗村考核，大大调动了全县各相关部门和乡、村开展品牌建设的积极性。四是加强人才队伍建设。兰考县邀请河南省绿色食品发展中心以及郑州、周口和开封农产品质量安全检测中心等兄弟单位的专家帮助培养绿色食品检查员和企业内检员，对企业品牌建设进行全程指导。截至目前，除“兰考蜜瓜”外，“兰考新三宝”中的“兰考红薯”“兰考花生”也获得了农产品地理标志登记保护，入选全国名特优新农产品名录。

（五）完善服务，提高效益

兰考县成立了多个产业发展服务组，统筹协调解决用地、资金、技术、销售等问题。在技术服务方面，兰考县依托河南省农科院、中国农科院郑果所等科研院所技术优势，为兰考蜜瓜产业提供技术支撑，解决群众在产业发展中遇到的难题。在销售服务方面，兰考县一方面构建产销对接体系，帮助涉农企业参加“农产品加工投资

① 王明瑞，韩艳霞.基于钻石模型的兰考蜜瓜产业竞争力分析[J].开封大学学报，2021，35(02):23—27.

② 胡永博.兰考:讲好品牌故事[J].农村・农业・农民(A版)，2020(11):40—42.

贸易洽谈会”“中部农业博览会”等各类农展会，让蜜瓜更好更快地“走出去”，还利用农民丰收节等活动，举办兰考蜜瓜展销会，把经销商、采购商“引进来”；另一方面借助社会力量，与北京新发地市场签订了项目合作协议，共同打造北京新发地兰考农副产品批发市场及冷链物流园项目，不断拓展兰考蜜瓜的销售渠道。

三、发展成效

兰考县立足本地产业优势，通过蜜瓜产业的发展带动，乡村振兴取得重大成就，人民生活蒸蒸日上。

（一）小小蜜瓜成致富金瓜，助农增收斩获新成效

兰考县蜜瓜产业近年不断发展壮大，2020年，蜜瓜种植面积达到3万亩，总产量达10万吨，产值超过10亿元。[①] 种植区域主要涉及葡萄架乡、闫楼乡、小宋镇等10个乡镇以及贺村、杜寨村、赵垛楼村等117个行政村。[②] 蜜瓜种植品种趋向多元化，不但有厚皮蜜瓜西州蜜25、众云20、玉兰香和久红瑞等中晚熟品种，还有薄皮蜜瓜博洋、绿宝和羊角蜜等早熟品种，一年中从4月下旬至11月底均可上市。蜜瓜产业更加规模化，种植蜜瓜的乡村成立了合作社，建立了蜜瓜产业园区。如今，蜜瓜产业已成为兰考县乡村经济的支柱产业，小小蜜瓜变成了致富金瓜，截至2021年底，蜜瓜产业带动了5000余人就近就业，近2000户农民脱贫致富，让兰考人民过上了甜蜜新生活。

（二）传统粗放到绿色高效，转型升级打造增长点

① 王明瑞，韩艳霞.基于钻石模型的兰考蜜瓜产业竞争力分析[J].开封大学学报，2021，35(02):23—27.

② 徐竹莲.兰考县蜜瓜产业发展现状与应对策略[J].河南农业，2021(13):14—15.

为保证蜜瓜外表的完好，培育出果形端正、网纹规整、品质好、含糖量高、果肉细腻甜脆的兰考蜜瓜，兰考县选择将瓜藤吊起来种植，在种植期间不使用化学肥料、不催熟、不打药。2017 年，“兰考蜜瓜”申报了绿色食品认证，严格的标准让种植成本提高了一倍，但差异化的品牌优势让兰考蜜瓜具备了更强的竞争力，单价增加，销量也逐年递增。2020 年 9 月 22 日，兰考县“拼搏兰考”区域公用品牌发布，成为兰考县大力弘扬焦裕禄精神、积极向贫困宣战、实现乡村振兴传奇故事的一张闪亮名片，对于讲好兰考故事、打造属于兰考特色农产品的“金字招牌”、推进兰考农业高质量发展、助力乡村振兴具有重要意义。

四、经验总结

品牌是农业竞争力的核心标志，是现代农业的重要引擎，更是乡村振兴的关键支撑。要打造农产品品牌，一是要统筹规划，综合评价区域资源禀赋、基础设施、科技水平和市场空间等要素，筛选出特色鲜明、优势集聚、市场竞争力强的农产品，制定品牌建设规划，明确品牌发展路径。二是加大扶持力度，比如安排专项资金，采取多种形式加大对农产品区域公用品牌的扶持力度；发挥财政资金引导作用，撬动社会资本参与企业品牌和特色农产品品牌建设；引导银行、证券等金融机构参与农业品牌建设，创新投融资方式，拓宽资金来源渠道等。三是要加大宣传，借助媒体的信息传播优势，加大农产品品牌宣传推广力度，提升区域农产品品牌社会影响力。四是做好品牌延伸，比如延伸产品档次，满足不同层次的消费者的需要；扩充产品线，开发增加新的产品。兰考县在打造“兰考蜜瓜”品牌时，做好了以下四点内容，具体如下：

（一）依靠本地优势，找准发展路径

兰考县地处黄河最后一道弯，拥有弱碱性的沙质土壤，透水性强，以往主要以低产的玉米和小麦为种植作物，不少农民尝试过种花等产业，但都没有形成产业链条，收入并不高。为实现农户增收，兰考县认真分析本地发展优势，以供给侧结构性改革为主线，产业体系建设为抓手，科技创新为引领，因地制宜找准发展路径，让兰考沙土地的劣势，变为发展特色农业的长处。

（二）强化政策指导，引领发展方向

兰考县为促进蜜瓜产业发展，出台了一系列奖补政策，同时提高温室、大棚和冷鲜库建设补助标准，对设施农业予以统保，有效解决了农户发展蜜瓜产业的后顾之忧。另外，兰考县还强化金融支持，坚持“政府引导、金融支持、企业发展、风险保障、贫困户受益”的多元化金融扶贫模式，通过免息贷款、设立科技研发基金支持兰考蜜瓜产业发展，把政策的含金量转变为经济发展的高质量。

（三）加强品牌建设，提高农业收益

“酒香也怕巷子深”，加强农业品牌建设是实施乡村振兴战略、推进农业供给侧结构性改革、转变农业生产方式的重要突破口[①]。兰考县牢牢抓住品牌建设这个“牛鼻子”，让优质农产品身价倍增，形成了“消费者满意，生产者增收”的双赢局面。比如在北京新发地市场设立了“兰考馆”“兰考蜜瓜专卖区”，将兰考蜜瓜装进更多京城百姓的果盘子，助力“兰考蜜瓜”品牌的创建。

（四）延伸产业链条，提高产品效益

在产业发展过程中，兰考县不断延伸产业链条，确保群众增产又增收。从引进沃森百旺育苗基地提供优质种苗到成立技术团队全程指导管理；从丰富农膜、钢管、铁丝及包装等配套服务到

---

① 特约评论员.充分认识农业品牌建设重要性[J].江苏农村经济，2021(11):1.

建设北京新发地兰考农产品批发大市场、参与全国各地特色农产品展览等销售服务；从引进大批农副产品深加工企业到培育五农好、润野食品等本土农业加工企业，兰考县形成以蜜瓜醋、蜜瓜罐头、蜜瓜汁、蜜瓜饼干和蜜瓜干为特色的深加工农产品产业链。另外，兰考县不断完善育苗、种植、销售、储藏、加工、品牌创建等环节，形成了兰考蜜瓜从育苗种植到销售的全产业链条，逐步实现一二三产业融合发展。

（五）小结

兰考是焦裕禄精神的发源地，如今，兰考人民手捧小小蜜瓜，讲述着"拼搏几十年，结果自然甜"的奋斗故事。实践证明，兰考县的自然环境适合蜜瓜生长，兰考蜜瓜让兰考人民从贫瘠低产的盐碱地里走了出来，过上了甜蜜生活。但是，"兰考蜜瓜"在品牌建设道路上并不是一帆风顺的，期间也遇到了如遭遇罕见连阴雨天气导致商品不被市场接受、种植面积大导致不少蜜瓜积压等问题，兰考县通过提高蜜瓜科技含量、拉长产业链、发展电子商务等化解了这些难题，留住了农民继续发展蜜瓜产业的信心。兰考县品牌强农的做法对其他地方发展农业品牌有一定的借鉴意义，但要注意的是一些地方行政部门和市场经营主体对品牌建设存在认知误区，认为有商标就是品牌，不能正确认识品牌内涵，缺乏对品牌形象的塑造和文化的挖掘，农产品品牌定位模糊，同质化现象突出，常常出现"一品多牌"和品牌内涵单薄等问题，从而导致品牌的影响力不够。因此，各地在农产品品牌打造时要处理好与农产品商标的关系，对农产品属区的自然资源、历史人文要进行挖掘，依托农产品品质认证、地理标识和区域公共品牌提升品牌价值。

第三节　“艺术乡建”描绘乡村新图景——四川省明月村

2013 年，一批艺术家来到了明月村，从传承明月窑开始，明月村走上了一条农民和艺术家共建乡村的发展道路。几年来，明月村新老村民共同携手，明月村呈现“业兴、家富、人和、村美”的新景象，成为国内艺术乡建赋能乡村振兴的典范之一。

一、基本情况

乡村振兴是推动乡村全方位的振兴，包括乡村产业、人才、文化、生态、组织等振兴。地方文创的设计与开发不仅能满足人们的精神追求，还具有经济、文化、社会等多方面的价值，在乡村振兴战略中发挥着重要作用。①2022 年文化和旅游部等部门联合发布《关于推动文化产业赋能乡村振兴的意见》，明确了文化产业赋能乡村振兴的总体要求、重点领域、政策举措和组织实施。艺术乡建把艺术作为一种新的文化力量注入乡村，一方面让艺术家广泛介入乡村规划、环境保护、景观设计、空间设计、非物质文化符号构建、文创设计、农副产品包装营销等实践中，既可以为美丽乡村注入可持续的力量，也有利于提高乡村的精神文明境界，建设人们的心灵。另一方面，新时代乡村建设所面临的传统与现代元素、生活、文化之间的整合与衔接问题，正是艺术介入乡村的优势所在。

明月村，隶属四川省成都市唐宋茶马古驿蒲江县甘溪镇，位于大五面山浅丘地带，地处蒲江、邛崃、名山三（市）县交会处，

① 顿文昊，张东升.地方特色文创拓宽乡村振兴之路[J].人民论坛，2021(14)：101—103.

距离成都市区约 90 千米，全村总面积 6.78 平方千米，森林覆盖率 46.2%，在 2009 年以前属于市级贫困村，农民以务农为收入来源，附加值低，且没有其他产业支撑。但是，明月村自然景色优美独特，以茶山、竹海、松林为主，并且拥有邛窑制陶的工艺和传统。2014 年 6 月，以明月窑为核心的“明月国际陶艺村”项目正式启动，经过两年多的发展，明月村形成了一个以陶文化为主题的人文生态度假村落、手工艺创意聚落和文化创客聚落，全国各地的陶艺家、收藏家、作家、设计师、画家来到这里，建立起各具特色的工作室，不仅给明月村带来了浓厚的文艺气息，也引来了宝贵的资金和人气。从寂寂无闻的小村，到国际陶艺村，依靠政府搭台、公益助推、文创撬动、产业支撑、旅游合作社联动，明月村走出了一条特色鲜明的乡村振兴之路。

二、主要做法

艺术是明月村最显著的标签，艺术也点亮了明月村的振兴道路。明月村在蜕变的过程中，不断挖掘本地文化、打造优美人居环境、引入多个文创项目、实现新村民与原住居民互助融合，一步步成为乡村建设的典范。

（一）立足本地，“窑”身一变

蒲江甘溪在古时有烧制邛窑陶瓷器的传统，当地的明月村，现存目前四川唯一一座“活着的邛窑”——明月窑，完整保存着唐代的烧制工艺，是不可多得的文化遗产。2012 年底，民间陶艺师李敏从景德镇来到明月村，对邛窑进行了实地考察，形成《邛窑修复报告》。该报告认为，明月村的老窑有较高的文化价值和艺术价值，建议进行修复，保存文脉。据此，蒲江县政府决定利用明月窑发展文化产业，通过文化创意发展陶艺以带动地区经济的发展。2013 年 4 月，蒲江县启动了“明月国际陶艺村”项目，计划用 5 年时间，依托本土陶艺文化，以陶艺手工艺文创区为核心，引进知名陶艺家、艺术家、手工艺品收藏家等，形成以陶艺为特色的艺术家集群、文化创意集群和“明月窑”“扫云轩”等陶瓷创意品牌，打造西部第一、国内外知名的陶艺村。[①]“明月国际陶艺村”的打造分三期进行。第一期，2014—2015 年，完成“蜀山窑”“远远的阳光房”“谌塝塝微村落”等项目，成立乡村旅游合作社，首期 5 个示范项目建成运营。第二期，2016—2017 年，完成 5—8 个艺术类项目，陶艺手工艺文创区初具规模，形成明月国际陶艺村品牌；旅游合作经营项目扩大 15—20 处。第三期，2018 年，完成 7—8 个艺术类项目，陶艺村项目全面完成。在打造“明月国际陶艺村”的过程中，明月村始终坚持“三个不任性”——权力不任性、资本不任性、村民不任性。几年来，明月村不因领导意志而改变图纸，不因资本强势而放宽条件，不因村民私情而降低标准。随着明月窑修复完成，明月村逐渐被打造成一个以陶文化为主题，以明月国际陶艺手工艺文创园区为核心，集陶艺生产销售、文化展示、创意体验、休闲运动、禅修养生、田园度假于一体的人文生态度假村落。

（二）政府搭台，整体规划

“明月国际陶艺村”的打造，离不开各级党委、政府的领导。蒲江县委、县政府一开始就从蒲江县未来的发展格局中把明月村定位为“西部第一、国内外知名的陶艺村”，列入议事日程，从各方面给予大力支持。2013 年 7.0 级的芦山地震后，明月村开始灾后重建，并做了明月村的乡村规划。在规划中，明月村并未完全按照村民安置房来打造，而是整理了 187 亩国有建设用地，依托国际明月窑的建设打造文创园区，为新村民的入住提供了发展空间。政府部门还

① 张孝德.乡村振兴探索创新典型案例[M].北京:东方出版社，2022.

抽调人员组建“县政府—镇政府—村委会”工作组进行明月村乡村规划，并统一进行招商；蒲江县委和明月村的村委会最大限度地给予明月村项目组相应权力，积极配合项目组协调相关资源、整合相关政策、组织协调村民等，使得明月村全体村民家中自来水、光网、天然气入户等惠民项目基本全覆盖。目前，“明月窑”“乐毛家”“晓得”“云里”“呆住·明月”“明月·樱园”“善本小筑”“明月·远家”8个项目已建成开放，“篇下”“青木”等项目即将完成，其中“呆住·明月”以“呆禅”为灵魂，占地6.1亩，建筑面积1624平方米，成为集艺术品商店、展厅、图书馆、餐厅、客房于一体的小型精品艺术酒店；共入驻新村民40余人，开发陶艺、草木染等文创产品，解决了本地80余人的就业问题。

（三）互助融合，共同创富

为了成为新村民与原住居民互助融合、共创共享的新农村村落，明月村一方面鼓励老村民以出租房屋、在本地创业、村内就业等方式参与乡村发展建设，另一方面通过调剂国有建设用地以及闲置农房租赁的方式引入新村民，要求新村民带入文创项目进入明月村进行建设。在引进外来资本时，坚持权力不任性，只有经过工作小组和县领导小组的反复论证，具有一定专业技能、行业影响力较大、利于明月村长续发展的项目才会被引进。短短几年内，明月村引进了包括国家一级注册建筑师赵晓钧、中国工美行业艺术大师李清、美国注册建筑师施国平、服装设计师宁远等来自北京、上海、深圳、成都等地的100多位艺术家、建筑规划师、服装设计师、工艺美术师、作家，建成了“蜀山窑”工坊、“清泉烧”工坊、“远远的阳光房”草木染工坊、YOLI美术工作室、明月轩篆刻艺术博物馆、火痕柴窑等文创项目。此外，明月村还通过搭建明月书馆、明月讲堂等培训载体，邀请国内外相关专家、学者以及新村民定期举办公益讲座。

明月讲堂自2015年11月开班以来，已举办主题宣讲、专题讲座、交流分享会等55期，受众10万余人（含直播），北京大学艺术学院教授向勇、日本福知山大学地域经营学部教授涉谷节子、浮云牧场创始人余勇等国内外专家、学者都曾登台演讲。以李清、宁远、李南书为代表的新村民，实行一年一张计划表、一人一个培训班、一月一场专业课，免费为老村民开展陶艺、书法、绘画、篆刻、草木染等培训，带动了老村民素质的提升，让他们参与到艺术乡村建设中来。彭双英传承草木染传统工艺，创办“岚染工坊”，开发了100多种产品，成为成都纺织专科学校的教学基地。杨彦菱和她的公婆一起开办的特色民宿“竹里·拾家”，有11间客房，因设计精美、布置温馨、服务贴心而赢得消费者的好评。[①]

为营造和谐社区，明月村一是通过文创产业将新老村民连接在一起，让新老村民共同参与到文创产业发展过程中，激发村民的自主意识；二是深挖文化资源，以明月窑为基础，相继引入蜀山窑、清泉烧等一系列与陶艺相关的文创项目，传承和延续明月村传统手工艺；三是规划187亩的项目用地，引进文创项目，形成“一环、一心、五组团、多点”的格局，逐步完善文创产业发展所需的配套服务设施建设；四是打造特色产业品牌，改造传统老宅，延伸产业链条，实现一二三产融合联动发展；五是划定明月村的乡土风貌与生态保护区，打造“茶山竹海、田园溪流”的生态景观，并建立相应的风景补偿机制，保证生态保护区的永续经营。[②]

---

① 张孝德.乡村振兴探索创新典型案例[M].北京:东方出版社，2022.

② 高馨.文创产业介入乡村社区营造作用探析——以蒲江县明月村为例[J].中国市场，2019(17):25—26.

（四）文创撬动，带动旅游

以往，明月窑产品服务于日用，随着新村民的到来，明月窑的邛窑文化属性被凸显出来，陶艺文化被打造成为明月村的主题。新村民充分在自己擅长的领域发挥主观能动性，挖掘明月村的特点，将自己的创作和产品与明月村结合，开发了包括明月笋、明月染、明月陶等在内的多种文创产品，在丰富自己作品内涵的同时，也传播了明月村的文化。另外，明月村在乡村旅游文化创意产品的开发过程中运用了就地经营的思路，将地方特色融入产品中，同时注重在民族民俗性旅游产品中融入现有主流文化内容，实现了传统与现代有机结合，让旅游者在独特的文化产品中感受到旅游的乐趣。伴随着文创项目的入驻，新村民的价值理念带动了传统农业向生态农业、有机农业的升级转型，文化创意也为传统产业提升了附加值。

（五）美化环境，打造品牌

明月村通过美化人居环境，推进景观梳理、绿道建设、风貌整治、院落美化以及垃圾分类，打造了“明月国际陶艺村”绿水青山的底色。在此基础上，将艺术设计覆盖环境、建筑、产品和日常生活。施国平设计的旅游接待中心，像“散落在田间的七朵花”，浓郁的艺术气息把人们引入田园慢生活场景，让人们获得沉浸式体验，被住建部评为“第二批田园建筑优秀实例”之一，成为明月村的标志性建筑。

从 2013 年 6 月开始，明月村启动文旅品牌建设，创立了“明月窑”特色创意陶瓷品牌。以此为依托，明月村沿袭传统手工艺术，成立了草木染工坊、篆刻工坊等工坊品牌。另外，为进一步扩大品牌外延，明月村将文创项目与乡村旅游进行有机结合，建立了包括乐毛家、明月·远家等在内的自然美学教育机构和生活美学空间品牌以及如朵云咖啡馆、樱园民宿、呆住酒店在内的餐饮与住宿品牌，并对雷竹、茶叶这些经济作物建立了自己的乡村品牌，衍生出了明月笋丁、笋壳茶、创意竹编等特色旅游产品。在品牌传播上，明月村开通了官方微信公众号和抖音号，出版发行了新老村民共同创作的诗集《明月集》以及《明月村》村刊。明月村还举办春笋艺术节、“月是故乡明”中秋诗歌音乐会、竖琴田园音乐会等明月村特色文化活动，打造了《明月新村新面貌》《茶山情》等原创歌舞，孵化培育了明月村放牛班合唱团等特色队伍，提高了明月村的品牌知名度。

三、发展成效

从“贫困村”到“理想村”，明月村的乡村振兴走上了艺术化发展的路子，经济效益、社会效益、生态效益同步提升。如今在明月村，新村民、原住居民过着有滋有味的诗意生活，源源不断的游客也体验着有山有水有风景的田园慢生活，村民的获得感和幸福感大大提高。

（一）增加了村民收入

第一，在发展乡村旅游前，明月村当地经济发展滞后，近年来，明月村坚定“竹海茶山明月窑”发展思路，大力发展乡村旅游，并将文化纳入合作范围内，通过文创项目的引进，让原本无人问津的小村，逐渐成了旅游热搜词。如今，乡村旅游的各个层面和乡创、文创的各个维度已经在明月村有了较为完整的体现，吸引着国内外游客前来打卡。第二，明月村以明月窑等文化遗产为依托，文创产业为支撑，旅游合作社为主体，乡村旅游为载体，形成了“文创+产业”的特色发展模式，增加了村民收入，促进了乡村全面振兴。比如，明月村茶叶基地、雷竹园区实现年均产值8000余万元，老村民每年可从闲置院落租赁中获得2500—10000元不等的房屋租金收入，文创项目员工每月可获得2000—4000元不等的薪酬。2021年明月村实现旅游收入超过3600万元，文创产品年产值超1亿元，明月乡村旅游合作社实现营收100万元。第三，村庄的美誉度也得到提高，明月村发展至今，获得了如全国文明村镇、乡村产业高质量发展“十大典型”等50余个国家级、省级、市级荣誉，入选中国乡村旅游创客示范基地、全国百佳乡村旅游目的地、首批全国乡村旅游重点村、美好环境与幸福生活共同缔造活动第一批精选试点村、联合国国际可持续发展试点社区等。

（二）促进了返乡创业

明月村的艺术乡建，成功吸引了返乡大学生江维、罗丹等150多名村民返乡创业就业，带动全村1200多户、4000多人共同参与明月村的发展，孵化了一批“明月天成果园”“青黛”“门前椿宿”等返乡大学生创业项目。有国际贸易专业背景的江维，2015年参加新型职业农民培训，成为中级农业职业经理人，他流转经营40亩生态柑橘，将艺术元素融入农业生产过程，把农产品做成了精美的礼品。学习服装设计的成都女孩罗丹，2016年返乡创业，回到成都蒲江明月村创业，创建了属于自己的青黛工作室，开了一家扎染文创店，扎根明月村。

（三）完善了公共服务

明月村改造整治林盘院落30余个，建设旅游环线8.8千米、绿道7.7千米、公路21.2千米、步行道6.7千米，构成“快进·慢游”的四级路网体系。建成篮球场1个、足球场1个、羽毛球馆1个、文化广场2个、旅游接待中心2个、生态停车场8个、旅游厕所6个、网球场1个，公共服务更加完善。

（四）优化了人居环境

通过乡村振兴，明月村实现了改水、改厨、改厕、改圈、改院、改线、改习惯和硬化、绿化、美化、亮化、净化、文化、保洁员专职化“七改七化”，人居环境显著改善，自来水覆盖率、天然气入户率均达 95% 以上，生活垃圾无害化处理达 99.3%、生活污水达标排放达 90%。

四、经验启示

文化是乡村的灵魂，与城市一样，农村的文化建设可以为产业振兴、人才振兴、文化振兴、生态振兴、组织振兴提供强大的精神力量、思想动力和智力支持。文化有广义和狭义两种视角，从广义的视角来看，文化是指人类在漫长的社会历史发展进程中所创造的所有物质财富和精神财富的总和；从狭义的视角来看，文化是指文学、艺术、科学技术知识等具体的专业知识和技能。同样，艺术乡建也有广义和狭义之分，在进行艺术乡建时，不仅要从某个具体的艺术形式、某个具体的项目着手，还要以育人塑村为目的，通过借助某种或一系列艺术手段和艺术内容的建设，培育和形成文明的乡风、良好的家风、淳朴的民风，最终达到培养和巩固社会主义核心价值观、推动农村文化建设、推动乡村振兴的目的。像明月村这样的艺术村，在乡村振兴中不是个别现象，比如，北京北沟村、浙江葛家村、广东青山村、河南大南坡村、云南帕连村，等等。放眼看去，国际上的艺术乡村建设早在 20 世纪五六十年代就开始了，如芬兰菲斯卡村、波兰萨利派村、日本越后妻有大地艺术节、韩国甘川洞文化村。作为近年来艺术振兴乡村较为成功的典型案例，明月村处理好了以下几方面的关系：

（一）处理好传统和现代的关系

首先是要深入挖掘和弘扬优秀传统文化。中国的乡村，一直以来都是物质文化遗产与非物质文化遗产的综合体。深入挖掘和弘扬乡村的优秀传统文化，既是对历史的尊重，也是对优秀传统的继承和促其发展的良策。如果离开了传统，离开了当地实际，那样的艺术乡建只能是无源之池、无根之苗，是不能长久的。其次是要着眼现代化建设。实现农业农村现代化是全面建设社会主义现代化国家的重大任务，因此艺术乡建都应紧紧围绕建设现代化农村和现代化农业的发展目标。明月村的文化创意融合过程中，一是注重根植性。正是与农耕生活紧密相连的陶艺、草木染等文创和贴近生活的文娱活动，赋予了明月村发展的新动能，激发了明月村的生机和活力。二是注重创新性。明月村在发展“陶艺手工艺”为特色的文创项目时既符合现代审美，又紧抓地域文化之魂，以陶艺手工艺文创园区为核心，引进文创项目及文化创客，形成产业集群和文化创客聚落，实现文化传承、生态保护、产业发展、农民增收的和谐统一。三是注重精神性。艺术要介入乡村，焦点不是艺术本身，也无关审美范畴，而是通过恢复乡村的礼俗秩序和伦理精神，绵续中国人内心深处的敬畏和温暖。在明月村，艺术融入改变了村民的思想和行为，他们尝试创意产业、改造林盘院落、设计生活空间、转变生活方式。

（二）处理好原住居民与新村民的关系

在艺术乡建的过程中，艺术家的艺术追求与本地原住居民无论在观念上还是在现实条件上都存在着鸿沟。对于大多数原住居民来说，他们考虑得最多的是艺术乡建能否给自己带来更多的经济收入和其他利益，而部分新村民所追求的却是自己的艺术观念的实现。实践证明，那些违背了村民意愿的项目，结果也往往不尽如人意，“碧山计划中的区隔问题”①“许村计划中启蒙的退让”②就是典型的例子。

① 碧山计划：2007年，艺术家欧宁与左靖一到碧山村便被当地优美的自然风景、悠久的历史景观和丰富的人文资源所震撼，故计划在碧山村创建碧山共同体，希望能推动、改变农村地区的经济文化生活。但“碧山计划”试图接续晏阳初的乡村建设事业和克鲁泡特金的无政府主义思想，不仅与地方政府之间很难达成一致，而且也不符合乡建主体——村民的意愿，最终陷入停顿。

② 许村计划：许村计划的发起人是渠岩，在许村人、和顺县时任政协主席

与其他许多地方的艺术乡村建设相比，明月村吸引了施国平、李清、宁远、陈奇等来自全国各地的100多位艺术家、设计师等人才，这些新村民没有替代、排斥明月村的原住居民，而是与原住居民一起共同开发文创项目，避免了艺术家或者某一单一群体介入乡村建设的主观性。

（三）处理好各方建设主体的关系

乡村要想得到持续发展，必须具备活力和创造力，必须引进一批有影响力、有创造力、有情怀的企业或个人参与到乡村的发展建设当中。“明月国际陶艺村”的打造，既有政府的影子，又有艺术家的引领、当地村民的自觉，还有工商资本的力量。明月村通过“外引＋内培”的人才战略，引进一大批新村民，带动老村民素质提升，让大家都参与艺术乡村建设。党政机关不会过多地干预明月村的发展，县、镇党政机关很好地厘清了与相关项目组的关系，在明月村形成了以“党委领导、政府主导、农民主体、市场运作、全社会共同参与”的机制体系。另外，明月村还坚持“以人为本”，坚持“明月村·理想村”的理念，通过打造一个新老村民和谐共处的自然生活聚落，成功吸引了一批乡村建设需要的企业家、艺术家、学者扎根明月村，这些力量的介入，进一步促进了明月村的乡村振兴。

（四）小结

要正确认识明月村艺术乡建中可复制和不可复制的东西。如上

范乃文的协助下，许村修复和保护老建筑，开展艺术乡建活动。2011年7月15日，“中国·和顺首届乡村国际艺术节”在许村举行，此后每两年举办一次国际艺术节。但“节日经济”很难具有持续性，艺术乡建的介入并未改变村民外流的状况，“许村计划”在困难中摸索前行。

所述，明月村在探索乡村艺术化发展的实践中，创造了许多可复制的经验和做法。但是，明月村的一些做法是在特定条件下利用特殊政策形成的。比如，蒲江县政府特批明月村的 187 亩国有建设用地指标，是“4·20”芦山强烈地震灾后恢复重建的特殊政策，不具有借鉴意义。又如，明月村目前出现的个别地产化、去农化等苗头，也不能误认为是发展的方向，尤其是粮食主产区要更加警惕“去粮化”“去农化”，否则就是跑偏了乡村振兴轨道。

第四节　数字化赋能乡村振兴
——安徽省砀山县

随着人工智能、大数据、云计算等现代信息技术与各领域的融合发展，传统农业转型已成必然之势。砀山县积极借助外脑，主动拥抱物联网、云计算、大数据等新兴科技，将数字技术运用到产业发展、乡村治理与服务的方方面面，成为乡村振兴的新样板。

一、基本情况

“乡村兴则国家兴”，数字乡村建设是落实乡村振兴战略的重要措施，也是建设数字中国的重要内容。历年中央一号文件都比较重视数字乡村建设，2019 年提出“互联网 +”农产品出村进城工程；2020 年提出开展国家数字乡村试点；2021 年提出“深入推进电子商务进农村和农产品出村进城”，实施数字乡村建设发展工程；2022 年提出“大力推进数字乡村建设”；2023 年中央一号文件提出“深入实施数字乡村发展行动，推动数字化应用场景研发推广”。同年，多部门印发了《数字乡村发展行动计划（2022—2025 年）》，提出着力发展乡村数字经济，培育发展数字乡村新产业、新业态、新模式。

砀山县坐落在安徽省最北端，位于皖、苏、鲁、豫四省的交界，经济发展非常落后，工业基础薄弱，一直为国家级贫困县。但是，砀山县素有“世界梨都”“水果之乡”的美誉，是酥梨、黄桃、油桃等水果的最佳产区，水果种植面积近100万亩，占安徽省水果种植面积的45%。2020年，砀山县被确定为国家数字乡村试点地区，先后制订了《国家数字乡村试点建设实施方案》和《数字乡村试点工作要点》，将数字乡村建设工作纳入全县“十四五”规划。砀山县借助数字化的力量，将物联网、云计算、大数据和互联网注入水果产业，走出了一条以农业为基础、电商为推力、融合为抓手的产销融一体化的发展新道路，有力地巩固了脱贫攻坚成果，也为乡村振兴提供了新路径。[①]

二、主要做法

近年来，砀山县统筹整合资源、强化部门协调，采取多项举措，扎实推进数字乡村建设，大力促进农业信息化，快速发展农村电商，形成乡村数字经济新业态，按下传统农业转型发展的“加速键”，全面推动乡村振兴，积极打造数字乡村“砀山模式”。

（一）升级信息基础设施

砀山县将数字乡村建设纳入全县“十四五”规划，加大力度建设数字乡村基础设施。截至2021年底，砀山县各行政村信息数据平台全部建成，宽带、光纤实现了村村通，光纤宽带网络覆盖率达100%；开通5G站点300多个，初步建成镇、村办公专用网络，基本实现镇、村管理信息化；通过国网调度云系统建设智能电网，进行实时监控，全部实现“四遥”（遥信、遥测、遥控和遥调）功能；

① 张瑞，管莹莹.安徽省农村电商精准扶贫模式探讨[J].黑河学院学报，2022，13(02):68—70.

以共建共享为原则，依托覆盖全县的广播电视网络，将“智慧广电”和“数字乡村”相结合，促进了数据安全共享、互联互通；整合县融媒体发布渠道，实现全媒体覆盖，及时为县委、县政府、县直各单位、广大群众提供信息服务。

（二）打造“数字果园”，助力农业生产

在生产环节，打造“数字果园”。一是大力实施“数字果园”创新工程。围绕黄河故道省级现代农业示范区建设，以点带面，建设“数字果园”“壹号梨园”创新工程管理系统，实现监管数据的互联互通。[①] 二是广泛应用农业物联网技术。鼓励水果产品加工企业依托物联网技术，对水果产品在贮藏、分类分级、包装运销等方面进行智能化管理。三是加快建设质量安全追溯体系。砀山县围绕实施“绿色皖农”品牌培育计划，以水果产业“三品一标”为重点，加强水果产品质量安全追溯体系建设，做到生产有记录，产品可追溯，信息可查询，实现与果品安全追溯平台对接，加快实现水果产品“从果园到餐桌”全程可追溯。四是搭建互联网平台。砀山县通过高端市场的开发和销售，倒逼水果生产环节标准化，促进水果产业高质量发展。通过水果产品的提质增效，经济效益得到明显提高，2021年砀山县水果产业销售额52.27亿元，增长14.2%。

（三）深入实施“互联网+”，发展电商新业态

在销售环节，砀山县主动顺应“互联网+”发展趋势，采取多项措施积极推进农村电商发展。一是出台政策，自上而下支持电商发展。为实现“中国水果电商之都”战略目标，砀山县出台了《关于加快农村电子商务发展若干政策》等文件，编制了砀山电商发展规划和砀山

① 葛德光.安徽:砀山“数字乡村”建设力促水果产业高质量发展[J].中国果业信息，2022，39(03):56.

果业区域公用品牌发展战略规划，县党政负责人也走进“直播间”，帮助贫困群众销售农产品。二是完善物流体系，搭建农产品产销“高速路”。砀山县一方面建设了占地面积 123 亩的县级快递物流配送服务中心以及 100 多个村级综合服务网点和便民网点，形成了覆盖城乡的县镇村三级快递物流配送体系；另一方面充分利用云计算、大数据等先进技术手段，引进大型物流企业进驻，满足不同行业电商企业的个性化需求。三是打造电商产业集聚区，发展农村电商产业。砀山县依托现有的电商大厦、微谷电商创业园等，建设电商孵化园和创业园，构筑了完整的电商产业生态体系综合型平台。另外，砀山县电商企业联合组建本土社区拼团平台，推出了微信拼团小程序。四是发展农产品电商品牌，提升农产品附加值。砀山县委、县政府主动适应“互联网”新态势，大力发展农产品电子商务，催生出了“鲜果时光”“桃如意”“带澳飞”等 2000 多个农产品电商品牌。五是加强电商人才队伍建设，激活人才引擎。砀山县通过“送出去学、请进来教”的方法组织电商企业到江苏常州、陕西武功、浙江杭州等地学习，并邀请国内外知名电商专家来砀山授课。另外，砀山县建设并运营砀山县电子商务公共服务中心，为全县从事电商的创业者提供“保姆式”孵化服务。如今，砀山电商已经实现从“买砀山卖全国”，到“买全球、卖全球”的转变，成为砀山新经济的一张名片。

（四）促进服务升级，赋能产业发展

在融资环节，创新发展商流链项目，解决涉农企业资金流问题。砀山县引入蚂蚁区块链技术，与蚂蚁科技集团、农业银行共同打造商流链平台，将企业在多个平台上的销售数据作为银行对企业信用评估的依据，信用良好的企业可以获得银行无抵押、无担保纯信用贷款，提升了流动资金效率，推动了数字金融服务实体经济，高效地解决了涉农主体“融资难、融资贵”等问题。

（五）强化数字赋能，基层“智”理有方

砀山县创新性利用网络和大数据技术，公开村务、财务，着力推进基层社会治理体系，提升基层社会治理现代化水平，打通了为群众服务的“最后一公里”。另外，砀山县还建立了村级小微权力数据监督平台，运用新技术手段强化村级“小微权力”监督制约，把村民比较关心的扶贫工作、民生救助、低保、养老保险等各类村级“小微权力”运行过程和办理结果在网上公示，使每位村民都可以凭本人身份证号登录平台查看村级事务、监督和参与管理村级事务，全面提升了群众办事效率和便捷性。

（六）拓宽聚才渠道，打造人才服务链

砀山县始终把人才工作摆在突出位置，坚定抓人才就是抓发展理念，聚焦“引才、育才、聚才”，千方百计引人才。一是强化人才是第一资源理念，妥善解决人才住房就医、子女教育、配偶就业等方面的实际困难，完善优秀人才表彰奖励制度，在职称评定、职级晋升、调任转任等方面，加大倾斜力度。二是加快实施“人才回引工程”，打好“乡情牌”“亲情牌”，吸引更多优秀人才返乡投资兴业。三是打造招才引才“强磁场”。砀山县坚持线上与线下同步发力、柔性引才与全职专职有效结合，持续做大人才总量、扩大人才增量、提升人才质量。四是搭建产学研合作平台，深化与高校的交流合作持续拓宽高端人才流入渠道。五是加大平台建设。砀山县加快推进微谷创新高地、电商大厦等平台载体建设，鼓励支持各类孵化器、众创空间提档升级，为广大人才提供更多发展空间。

三、发展成效

在数字化赋能的推动下，砀山县水果产业发展向好，村民“钱袋”鼓起来了，乡村治理“慧”起来了，优秀人才聚起来了，乡村振兴取得显著成效。

（一）数字服务助推“产销升级”

生产方面，数字化技术管理果园可以大幅度增加工作效率，减轻果农的劳动强度，实现果园的“统防统治”和管理智能化。另外，果农可以通过“数字果园”手机APP直接联系果树专家进行“远程会诊”，有效解决了果农在种植过程中的问题。销售方面，以往农产品销售受市场和渠道的制约，“难卖”“贱卖”等问题始终困扰着农民。但随着网络直播等新的电商销售方式在农村推广和普及，现在农产品可以销往全国，极大地改变了原来的销售局面，农民收入比以往有了较大提升，砀山县也涌现出一大批依靠电商带货推动农村现代产业发展的能人。截至2022年3月，砀山县拥有电商企业2200多家，网店和微商近6万家，建成8个省级农村电商示范镇、29个省级农村电商示范村、16个省级农村电商示范点，带动10万余人从事电商物流等相关产业，2021年电商交易额63.96亿元，同比增长6.4%，其中农产品上行54.42亿元，同比增长2.3%，农业效益上来了，农民的钱袋子也鼓起来了，农业农村跑出了乡村振兴的“加速度”。[①]

（二）青年返乡创业取得新成效

青年农民常年在外务工，具有开阔的视野，对互联网、电商具有一定认知和体悟，其返乡可更好地获得当地政府创业支持，还能带动村内其他农户就业。砀山县实施“归雁创业”工程，通过搭建“暖巢”吸引了一批在外青年返乡创新创业。其中就包括砀山县电商协会会长绳惠展，“砀山铁娘子”、全国妇代会代表

① 中安在线.砀山县:“数字乡村”赋能“领航”乡村振兴[EB/OL].[2022-5-14].http://ah.anhuinews.com/sz/xq/ds/202204/t20220414_5945291.html.

武妍彦，“电商达人”、中国农村脱贫致富带头人陈科猛，中科大女博士、砀山梨膏——梨花猫品牌创始人段旭旭等，大批返乡青年利用“互联网 +”营造了砀山县“互联网 +”创新创业的浓厚氛围，也吸引着更多人才的流入。2021 年，砀山县被农业农村部评为第三批全国农村创业创新典型县，砀山田丰牧业肉羊养殖创业基地和砀山县二分水果种植专业合作社被评为第五批安徽省大学生返乡创业示范基地。

四、经验启示

实施乡村振兴战略是从根本上解决“三农”问题的现实选择，是新时期农业农村现代化发展的重要任务，而数字经济的发展为我国新时期乡村振兴战略实践提供了源源不断的内生动力与发展机遇。砀山县之所以能够用数字化赋能乡村建设，主要做到了以下几点。

（一）实现了信息技术与乡村发展的协同共振

数字技术具有即时性强和传播速率快等优势，能够帮助农业生产经营人员开展农业生产决策和农事分析工作，进一步降低农业工作难度和人为因素带来的不确定性， 实现农业生产信息的数据化与可视化处理。砀山县将信息技术和数字经济理念融入农业生产运营当中，通过打造“数字果园”，实现了水果产品的提质增效。

（二）实现了农业经济与智慧乡村的价值联动

产业融合是现代乡村产业振兴的有效创新途径，而数字经济可以在数字技术和互联网科技共同作用下构建新型商业发展模式。在全新经济模式的驱动下，乡村农业可以延伸原有的产业链，拓展多种新业态与新模式，在农业休闲、养生、旅游等领域运用数字技术实现服务智能化与信息化，推动农村产业结构优化升级，助力智慧农业发展。2019 年 10 月，砀山县发布了乡村振兴战略规划，对新型农业产业发展体系、农业转型升级、一二三产业深度融合都做出了针对性的部署；将创新创业与“互联网 +”相结合，依托特色产业和资源优势，整合旅游、农业、观光、养生、金融、物流等上下游产业链资源于一体，统一组织、统一宣传、统一行动推动产业转型升级，提升砀山县产品的知名度和附加值；成立了砀山县电子商务进农村工作小组，支持电商企业做大做强。

（三）实现了科技赋能与绿色发展的内在统一

基于绿色发展理念构建美丽乡村是现代乡村农业振兴的新思路、新路径，而数字技术的有效应用在农业绿色发展实践中有助于凝聚资源与技术禀赋。砀山县按照乡村振兴数字化改革指引和《砀山酥梨现代化改造技术方案》要求，明确了生态绿色高品质梨园的各项生产要素。围绕生态梨园基础设施、树形、土壤改良、病虫害绿色防控、果园机械应用、果园信息化建设等六个方面，开展智能水肥一体化设备、水肥精准投入和防霜冻示范升级工程，截至 2022 年 12 月，已在果园场、良梨镇和园艺场壹号梨园建设 3 个生产基地，在果园场、园艺场、梨多宝、龙润堂、良梨镇等建设 5 家基地公司。与此同时，实施果园“天空地”一体化数据信息采集与监测工程，推动了酥梨产业生态绿色发展。

（四）小结

砀山县积极推进农村电商发展，运用乡村数字经济新业态，通过网络销售、直播带货等线上方式，积极帮助农民解决农产品滞销问题，重构产业链、供应链，使得农村电商、农村创新创业成为农民增收的新引擎。但是，要发展农村电商，还需注意一些问题。比如，基础设施建设是农村电商发展的必要条件。电商在我国某些地区如此迅速地崛起的原因之一就是由于互联网的普及、运输和物流基础设施条件的改善以及地方政府的政策支持。地方政府要想通过引入电商来推动农村经济发展，就必须优先考虑改善这些关键基础设施。

又如，农村电商人才培养滞后成为制约农村电商发展的重要因素。受地理位置、区域经济差异等因素的影响，农村电商人才引进难度大并且流失率高，专业人才缺口大，呈现出“难培、难引、难留”现象，因此需要针对农村电商人才进行产品策划、运营推广、美工设计、数据分析、客户维护、物流仓储等一系列培训。只有解决这些问题，电商在农村才能快速发展，帮助其实现乡村振兴。另外，各地区在进行乡村振兴建设时，政府还要有顶层设计的思想，对需要大力支持的产业、相关基建配套、未来发展思路等进行充分的调研和认识，用切实可行的方案来引导数字化进程。

后记

脱贫攻坚取得胜利，标志着我们党在团结带领人民创造美好生活、实现共同富裕的道路上迈出了坚实的一大步，全面推进乡村振兴是“三农”工作重心的历史性转移。2021 年，中共中央、国务院相继发布了《关于全面推进乡村振兴加快农业农村现代化的意见》《关于实现巩固拓展脱贫攻坚成果同乡村振兴有效衔接的意见》。2021 年 4 月 29 日，十三届全国人大常委会表决通过《中华人民共和国乡村振兴促进法》。2021 年 3 月，山西省委下发《关于全面推进乡村振兴加快农业农村现代化的实施方案》一号文件，出台了《关于巩固拓展脱贫成果有效衔接乡村振兴的实施方案》等，确定了山西全面推进乡村振兴、加快农业农村现代化的“路线图”和“任务书”。

为落实国家关于乡村振兴工作的指示和精神，有效实现巩固拓展脱贫攻坚成果与乡村振兴工作的顺利衔接，需要一套源于实践的出版成果，将理论与实际工作相结合，深入梳理山西乡村振兴工作的有效做法、突出亮点、经验模式，弥补相关研究的空缺，传承并共享在乡村发展过程中积累的宝贵经验和智慧，同时为政策制定者和实施者提供实践中的参考和启示。

应省委、省政府要求，《山西乡村振兴经典案例》（共三编）于 2022 年 2 月立项并正式启动，由杨茂林担任学术指导及主编，赵旭强具体负责组织实施。全书分为《先行示范编》《整体推进编》《重点帮扶编》，分别对应山西乡村振兴先行示范、整体推进、重点帮扶“三类县”，各编所选案例均来自对应的县（市、区）。其中《先行示范编》由转型发展研究所负责编写，《整体推进编》由研究二部负责编写，《重点帮扶编》由经济研究所负责编写，同时吸收了院（中心）办公室、内刊部、社会学所、《经济问题》编辑部等部门的多位同志参与。

在众多热心人士的共同努力下，经过两年多的辛勤耕耘与精心打磨，这套书终于圆满完成。回想整个项目历程，从案例采集到图片收集，再到案例编写，每一步都充满了挑战和艰辛。考虑到案例的代表性、生动性、示范性、启发性，项目组多次分赴山西各地开展调研，采集到乡村振兴案例 120 多个，同时搜集了大量的文献和图片资料。时值新冠疫情期间，为统一思路、进度、形式、内容、写法，项目组多次召开线上研讨会，力求案例撰写的高质量和高水准。从项目立项到书稿基本完成，恰逢党的二十大召开，在此期间，我们深入学习并领会二十大精神，及时把关于乡村振兴的新思想、新理论、新政策融入案例之中，进一步确保了研究成果的时效性、前瞻性和指导性。

囿于编撰团队成员的专业背景差异，书稿在行文笔触、材料选取等方面与最初设计有一定差距，尤其是图片采集采用上离出版要求差距较大。为此，在杨茂林的统一指导下，我们又用了半年多时间，几经修改，并积极调动各方社会资源，为所编写的案例补充了所需的图片和材料，直到 2024 年 4 月，整套书的修订和配图工作才基本完成并进入出版环节。

作为一套乡村振兴案例图书，我们既想全面展现山西在乡村振兴工作中有借鉴意义的、优秀的、有效的经验做法，又想发挥编著者的专业优势，所以在案例编写中加入学理分析，这也相较同类书籍具有一定的创新性，但其中的困难超出了我们的想象。在案例采集环节，山西 11 个地市的政府发展研究中心给予了我们很大支持。为了得到更高质量的图片，山西省委农村工作领导小组办公室秘书处韩晓堂处长、山西省扶贫宣传中心郭洪主任给予了我们很大帮助。在审稿阶段，王云珠研究员、武小惠研究员提供了宝贵的修改意见和建议。三晋出版社莫晓东社长对整套书的设计、规划、编写提供了有效的建议，还对该书出版给予了大力支持。此外，山西省社会科学院（省政府发展研究中心）刘波助理研究员全程参与了案例和照片的采集工作，并承担了项目管理工作。在此，谨向所有支持帮助本书编写的单位和同志致以衷心感谢！

《整体推进编》编入的案例来自乡村振兴整体推进县。该编由研究二部赵旭强研究员、温月芬副研究员统编，各章节具体分工如下：第一章由赵旭强、王娜负责，第二章由温月芬负责，第三章由王中负责，第四章由温月芬、戎爱萍负责，第五章由卢钧、王乐颖负责，第六章由王中、贾步云负责，附录由王娜负责。

由于能力和经验的局限，本书在案例征集以及编写过程中，难免还有疏漏与不足之处，恳请读者和各方人士批评指正。

《山西乡村振兴经典案例》编纂委员会

2024 年 7 月